そして気づけば…
訪れた国は五大陸34ヶ国！
遊んだ女のコ2000人以上！
これだけやっても……
奥岳の夜遊び旅はまだまだ終ることはありません

さぁ！
奥岳と一緒に世界の夜遊びに出かけましょう！
Thailand

「海外夜遊びの王様ランキング!」
世界34ヵ国2000人以上と遊んだ〝伝説のエロ編集長〟にガチで聞いてみた!!

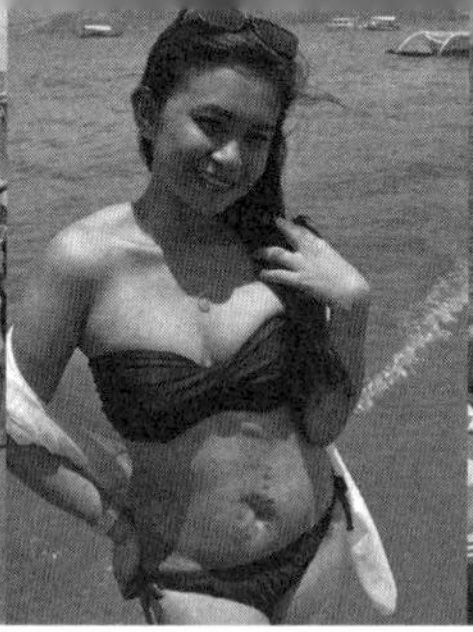

海外夜遊びの王様ランキング――CONTENTS

こちらはマニラKTV『クラブオーシャン』の女のコたち

第1章 世界は不純な愛で満ち溢れている

愛はお金じゃ買えない、なんて言う方もおりますが、本当にそうなんでしょうか？　実は、世界にはお金で始まる愛がゴロゴロあったりするんですよね。世界は不純な愛で満ち溢れているんです！

第1章

世界は不純な愛で満ち溢れている

非日常的な海外旅行の中に ドップリはまって遊び倒す面白さ!!

いやぁどうも皆さんこんにちは、ブルーレット奥岳で～す。初めまして、って挨拶した方が良いのかな⁉ 僕の名前を発見して読んでくれてる僕のファンの方も全国に10万人ほどはおりますが、ソレ以外の方々は、僕のペンネーム聞くのも初めてだろうし、どんな事して来た人間なのかも分からない。カバーに書いてあった『世界34ヵ国、二千人以上の女のコと遊び倒した変態野郎』ってキーワードに興味を持ってくれて、ペラペラっとページを捲ってくれているんだと思います。これから徐々に本題に入って行きますから、まだ、書棚に戻さず、立ち読みでも良いから読んでみて下さいね。

さてさて、皆さんの想像する世界二千人斬り男って、どんな感じなんでしょう。精力絶倫で、セックスの事しか頭にない発情狂のど変態。日頃も周りの女性をイヤラシい視線で舐め回してる…みたいな、そんなイメージに

セックスの事しか頭にない発情狂のど変態

思われているのかも知れません。

　そりゃ正直言ってセックスするのは嫌いじゃないし、女好きであるのは間違いありませんが、オンとオフの切り替えじゃないけど、普段はどこにでもいるオヤジ。コートの下にはちゃんとズボン穿いてるし、満員電車に乗る時は、両手を挙げた万歳ポーズ。女性に痴漢と間違われないよう努力する小心者だったりするんですよね。

　皆さん、結構エロ雑誌編集者を誤解しているようなんですが、本物の変態には雑誌は作れません。取材や撮影で女性の裸を見たり触ったりしますが、それ以外の時間はすべてデスクワーク。机にへばりついて企画を考え、誌面構成で頭をひねり、写真選んでレイアウトデザイン、後はひたすら原稿書き。とても変態さんが耐えられるような仕事じゃないんですね。エロ雑誌を志望したのは沢山の女のコとエッチ出来るから、みたいな考えで入って来たヤツは、一ヶ月と持たずに辞めていきます。

　モチロン、扱うテーマがエロですから、考える事もエロ話オンリーですが、それはどう見せて原稿書いたら読んで下さる読者の皆さんに興奮してもらえるかって事で「自分がエッチしたい」なんて思いは後回しだったりするんです。

　じゃあそれで、どうして二千人以上の女のコたちとセックスして来たん

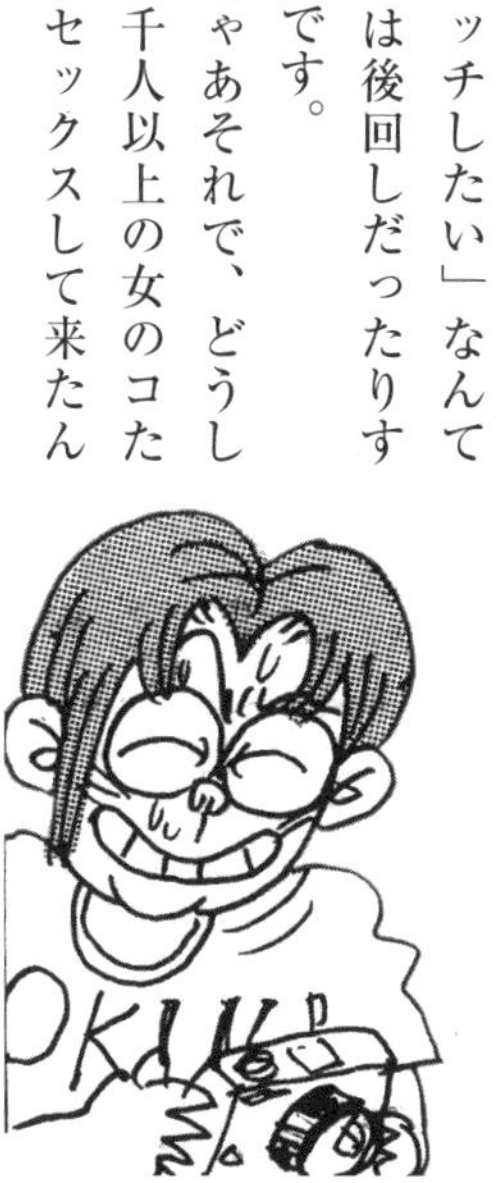

女のコとの付き合いは一期一会な事もあれば、継続して何度もデートしちゃう事も。この写真の女のコは、パタヤにいる娘なんですが、奥岳はパタヤに行く度に顔を出してます

えっ!?

エッチするのも仕事の一環
疲れたから今日はお休みなんて言えないの！

だよ！　話合わねぇじゃねぇか、って思いますよね～。いやホント、奥岳自身もそう思います（笑）。自分では「そんなヤリまくって来た」って感じ、全然しないんですけど、数えていったら15歳での初体験以来、40数年で二千人越えてたんですよね。

体験人数が加速したのは、やっぱり海外で遊ぶようになってからですね。1回の取材で海外へ行くのは1週間から10日前後。その間ほぼ毎日、休チン日無しで女のコ替えてセックスしてますから、「そりゃ増えるわ」です。で、何でそんな馬車馬みたいにセックスするのか、って言えば、誌面に紹介するネタを増やすためなんですよね。海外取材へ行けば取材費も掛かるワケで、その金額に見合った写真やネタを取材しなければならない。今日は疲れたからエッチしないで休もう、なんて言ってられないんです。取材はエッチだけじゃなく、街を歩き回って写真を撮らなきゃいけないので、海外へ行くとそれこそ朝から晩まで動きまくる感じなんです。会社の金で海外行ってエッチするなんて良い身分だな、なんて言われる事も多く「エヘヘヘ」と薄ら笑いして聞き流してますが、内心では「俺と同じ仕事量こなせると思ってんだったらやってみろや！」って思ってるんですよね。

そんなに大変な仕事なら辞めればいいじゃん!?　なんですが、それが辞められないのはやっぱ海外での夜遊びが楽しくてしょうがないからなんですよね。

奥岳がそこまで海外夜遊びにハマった理由は何だったんだろうなぁ…って改めて考えてみると、その理由は色々あるんですが、やっぱり一番は海

初体験以来、40数年で2000人越えてた!?

外で出逢う女のコたちとの〝予想も出来ないやり取り〟なんでしょうね。日本での風俗遊びとは、ちょっと別次元の面白さがあるんですよ。

　日本の風俗で働く女のコたちは、人によって程度は違うけど、どこかに後ろめたさみたいなモノがあって、自分のプライベートな世界と切り離した所で「仕事ととしてやってます」みたいな感じがあるんですよね。だから何度か通って顔馴染みになっても、中々ホンネの部分を見せてくれません。

　それに対して海外では、こんな無防備に自分を曝け出しちゃって大丈夫なの⁉ってビックリしちゃうほど、仕事とプライベートの境目がない女のコばかりなんですよね。

　例えば初めて逢ったばかりなのに、話の流れで「キミの故郷に行ってみたいな」みたいな話になると「じゃこれから来る？」とか言って、本当に故郷の実家に案内してくれちゃったりする。親兄弟とかを紹介して貰い、一緒に家族団らんの食卓を囲むみたいな。まるで世界ウルルン滞在記ですよね。でも

エッチだけならこんなに海外風俗にハマっていませんよね。女のコと心通じ合う時間が楽しいのです

出たがりエロ親父とバカにされても良い！本当に取材に行って遊んでいる事を伝えたかった

冷静に考えると、一緒に居るのは風俗で知り合ったばかりの女のコですよ⁉　ちょっとにわかには信じられない話かもですが、海外の夜遊びでは、割りと良くある話だったりするんです。

　また、これも僕が最初の頃に経験してビックリした話なんですが、ショート（※注1）で連れ出した女のコと部屋で一戦交えて「さぁ女のコが帰ったらゆっくり寝るかな」と、女のコが「それじゃそろそろ帰るね」って言い出すのを待っていると、30分経っても1時間経っても帰ろうとしない。それで仕方なくこちらから「どうするの？」って聞くと「この部屋、クーラーの効きが良いから、このまま寝ていく」って言うじゃないですか。こちらも「居る」って言うのを「帰れ帰れ」って言うワケにもいかないので、一緒におねんね。

ああ…

取材にはグルメも大切な要素。腹が減ったら戦は出来ぬですからね

　で、翌朝になって折角、泊まってくれたんだから、と、もう一度愛し合い、さぁこれでお別れだ、と思っているとまだ帰ろうとしないんですね。

　で、結局その日も帰らず更に翌日も一緒。連れ帰ってから帰国する日までの4日間も一緒に過ごす事になっちゃったのです。

　一緒に居て苦痛になる女のコだったら追い返したかもですが、こちらもこんな経験初めてだったので、こっちも面白がって一

※注1）海外の夜遊びには、店でプレイするだけでなく、女のコを自分の泊まっているホテルに連れ帰る事が出来る風俗ジャンルが少なくありません。で、連れ出す前にショートかロングか決めて連れ出すんです。ショートは概ね2時間程度、ロングは朝までです。

カノジョは泣きながら抱きついてきた!!

緒に過ごしちゃったっていうのもあります。でも、困ったのが、カノジョが幾ら欲しいのかって事だったんです。

遊びに来てたのがタイのプーケットって言う所で、そこでの相場はショート千五百バーツ（約四千五百円）、ロング三千バーツ（約九千円）。カノジョを連れ出す時の約束もショート千五百バーツだったのですが、ショートがロングになり、ロングが連泊になっても、カノジョの方からお金の話は一回もない。でも、だからといって最初の約束の千五百バーツしか払わない、って言うワケにはいかないじゃないですか。そこで思い悩んで出した結論が、ロング4泊分の1万二千バーツを渡す、でした。

中々帰ろうとしないカノジョに、今日の夜には帰国しなけりゃならないから、と言い含め、用意したお金を渡すと、カノジョはなんと「こんなに貰えない」とそのままお金を押し返してきました。何度か「取って」「いらない」を繰り返し、この金額のままじゃ受け取ってくれないなと思ったので、半分の六千バーツをカノジョのポケットに突っ込み、背中を押すようにしてホテルの外へ連れ出したのです。

「アナタ、今度はいつプーケットに来るの⁉　来たら必ず私の店に遊びに来て…！」と、カノジョは泣きながら抱き着いて来る。

「遅くても再来月には必ず戻って来るから、また一緒に遊ぼうね」

何とかカノジョをバイタク（※注2）に乗せ、見送るとドッと疲れが押し寄せて来たのを今も鮮明に覚えています。でも、その疲れは決してイヤな疲れじゃない。これまで風俗遊びで経験した事もなかった充足感だったんです。

注2／バイタクとはバイクを使ったタクシーの事。東南アジアでは割とポピュラーな移動手段となっています

成功ばかりじゃないのも海外風俗の面白さ お金抜かれたり、ヤラずぶったくりもある

何でカノジョはショートで帰らず、部屋に居続けたのか⁉ そのワケは今も分かっていません。取り敢えず一緒に過ごしてみて、コイツならイヤな事しないし、このまま泊まって行っても良いな、って思って貰えたのかも知れません。客には色んなタイプの男が居ますからね。コイツなら一緒に居ても楽しいだろう、って思って貰えたんでしょうね。

カノジョとは、その後2回ほど滞在期間を一緒に過ごす付き合いをしましたが、その次に行った時には、もう店には居ませんでした。

カノジョとどこまで心が通じ合えたのかは定かではありませんが、女のコとのこんな付き合いが海外にはあるんだ、と思った時から奥岳は海外夜遊びにハマり込んでいったんですね。

モチロン、出逢いは成功ばかりとは限りません。連れ込んだ女のコに、寝ている隙に財布からお金を抜かれた事もありますし、部屋に入ってから「生理になっちゃった」って言われて金だけ取られて何もせずに帰られた事も1回や2回じゃありません。でも、そんな失敗もいわば海外夜遊びの笑い話みたいなモノで、旅のメリハリを付けてくれる要素だったりするんですよね。生理だって言われて帰られちゃったら、また、店に出撃して別の女のコをゲットすりゃ良いだけの話なんですから（笑）。

海外夜遊びには、日本の風俗では味わえない、こんなサプライズ体験と人間的なやり取りに満ちあふれているのです。

お遊びは女のコの機嫌次第でコロコロ変わる。そんないい加減さも海外風俗の醍醐味かも

その当時はでっちあげ記事が多かった!!

こうやって海外風俗遊びにハマり、少しすると、「これは充分、雑誌のネタになるな」と思い、ある実話誌で記事にするとバカウケ。それで本格的に海外風俗専門誌を作ってみる事にしたんです。タイトルは『アジアンキング』。何か売れそうな名前しょ。

で、『アジアンキング』を始めるに当たり、最初に決めた方針が、すべて本当に取材したものを載せよう、でした。

創刊当時はスマホもなかったし、ネットなどで情報収集する人も余りいなかったので、当時海外風俗の特集を組む実話誌などでは、ネットでネタを集めて適当に記事をデッチ上げるやり方が横行してたんですね。

奥岳は、そうしたいい加減な作り方ではあんなにも面白い海外風俗遊びの楽しさを半分も伝えられない、と固く信じていたので、取材費にお金が多少掛かってもキチンと取材したもので雑誌を作ろう、って思ったのです。

でも、ひとつだけ心配だったのが、記事を読んでくれる読者の方々に本当に取材した記事とデッチ上げの記事の違いが分かって貰えるかどうかでした。

当時は、実際に海外で風俗遊びする方々

ホントに取材行ってるリアル感を大切に。街撮りも取材に欠かせぬ作業なんですよ

奥岳が取材先で顔出し登場する事で、本当に海外へ行って取材してる証拠になる

は、まだそれほど多くなかったので、本物とフェイクの違いを見極めるのが難しかった。そこで奥岳が考えたのが、取材に行った奥岳自身が誌面に顔出しする事でした。

当時のエロ本業界では、

「エロ本買ってくれる読者の皆さんは女のコを見たくて本を買ってくれるんだから、男なんて出しちゃダメだ」

って言う考え方が主流だったので、奥岳自身を誌面に登場させる事には反対意見も多かったの

ですが、それでも「どうかやらせて下さい」と頼み込んで、毎号ブルーレット奥岳ってキャラで誌面に登場する事にしたのです。

最初は何の評判にもなりませんでしたが、号を重ねるうちに「この奥岳ってヤツ、先月号じゃタイに行ってたのに、今度の号じゃフィリピン行ってるよ」と奥岳が出ている事が口コミで話題に上るようになり、そうやってあちこちの国や繁華街に出没する事で、アジアンキングは本当に取材してるんだ、って事が読者の皆さんに徐々に浸透していったのです。

「奥岳は出たがりのヤリちん男」などと、あちこちで陰口も叩かれましたが、奥岳にとってはそんな陰口もいわば勲章のようなモノ。知名度が増せばそれだけ記事の信憑性も高くなっていくんですから、陰口もなんのそのでした。

愛はお金では買えない!?

誌面でなるべく多くの女のコと写真に登場する為には、取材に行ったら遊びまくるしかありません。一日2人3人の女のコとエッチするのは当たり前、時には1日で6人の女のコとハメハメする事もありました。行った国もいつの間にか30ヵ国を越え、体験した女のコの数も千人千五百人と増えて行く。で、いつしかバンコクなどで「奥岳さんですか?」などと読者の方々に声を掛けられるようにもなっていったのです。

海外へ行けばかなりのハードスケジュールだし、危ない事に遭遇したりもしますが、イヤと思った事は一度もありません。それは、やっぱ女のコとイチャイチャして楽しむのが好きなんだからでしょうね（笑）。

「愛はお金では買えない」と思っている皆さんには、最低ゲス野郎でしかない奥岳ですが、奥岳はこれからも、世界のど真ん中で不純な愛を叫び続けていきたい、と思ってます。

時にはこんな熟女と遊ぶことも。連れ出して楽しく盛り上がる事が重要なんですよね。この日はタイカラオケで盛り上がりました

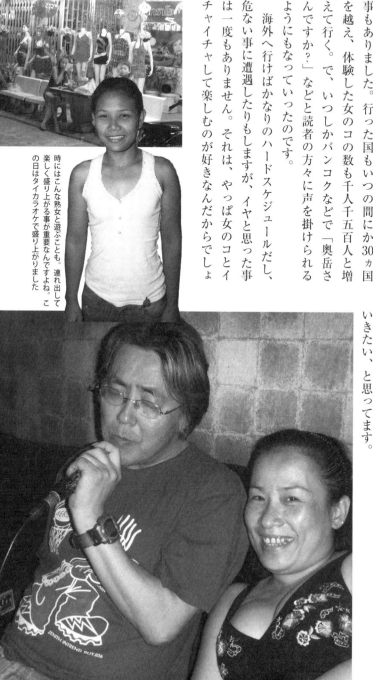

モテ遊びの鉄則

女のコをリスペクトすべし！

海外風俗で遊ぶって聞くと「金にモノ言わせて女を買うなんて」と目くじら立てる人が必ずおります。確かにお金を払って遊んでるのは事実なんですが、奥岳的には「セックスする権利を買ってる」と言うよりも**「女のコと一緒に遊ぶ時間をお金を払って分けて貰ってる」**って感じなんですよね。と言うのは海外での夜遊びは、日本の風俗のように決まった時間内にお店（またはホテル）で遊ぶようなスタイルはむしろ少数派で、大体の時間を女のコと決めてから連れ出して遊ぶスタイルがほとんどだったりするんです。連れ出しにはショートとロングがありますが、ショートでも大体二時間ぐらいと言いながら平気で三～四時間居たりする。大らかと言うかいい加減と言うか、女のコの気分次第で長くなったり短くなったりする。そんなアバウトな世界なんですよね。

日本のキッチリ時間で区切られた風俗でしか遊んだ事のない方は、最初戸惑ってしまいますが、慣れちゃうと断然、海外で遊ぶ方がリラックスして楽しめちゃうのです。

お相手の女のコたちもお金を貰ってるんだからサービスしなくっちゃ、みたいなプロ意識は殆どありません。部屋に入るなり「眠いから少し寝かせて」とベッドに倒れ込み翌朝まで起きないって事もありますし「お腹減った〜」「カラオケ行きたい!」「ディスコ行こ!」みたいに自分のやりたい事を当たり前のように言って来る娘もおります。エッチする事だけが目的だったらちょっとイライラしちゃうかもですが、こうした時間を含めてが海外風俗の楽しさだったりするんですよね。

こうしたスタイルの海外風俗遊びで大切となって来るのは、女のコをリスペクトする事です。風俗嬢なんだからサービスするのは当たり前とか、俺はお前に金を払ってる、みたいに思って接していると、例え言葉が分からなくても女のコにイヤな雰囲気が伝わってしまいます。女のコとは連れ出したら長い時間

美女に囲まれニッコリな奥岳。そりゃ鼻の下が伸びちゃいますよね。遊んでくれて感謝感謝です

お金を稼ぐ為であるのは当然の事ですが、彼女たちの屈託のない笑顔に男たちは癒されるのです

一緒に居る事になるんですから**女のコにも楽しんで貰えるよう接するのが大切**なんです。お金を払った方が女のコに気を遣うなんてヘンに思われるかもですが、お金を払ってるんだって気持ちは忘れて、普通の女のコを相手するのと同じように接すれば、彼女たちも心を開いてイチャイチャモードになってくれるんですよね。

彼女たちは商品でなく同じ人間。これを肝に命じて本当の彼女と同じように接すれば、モテモテになる事、間違いなしですよ。

第2章

王様が独断で選ぶ注目ランキング

◎極楽ランキング
◎激安ランキング
◎穴場ランキング
◎アンビリーバボーランキング
◎日本にはない風俗ランキング
◎激ヤバランキング

第2章—1

海外風俗 極楽ランキング

風俗好きなら感動必至！ ホントあった海外極楽風俗はコレだぁ

最近、テレビで「ここが凄いよニッポン！」みたいな番組が多くなっております。日本の魅力を訪日外国人たちに語らせ、日本の魅力再発見！　的な構成。確かに日本には歴史に裏付けされた巧みの技とか海外生まれの料理を日本風にアレンジして日本のソウルフードとなっているものも多く「やっぱ日本って凄いよなぁ」と納得してしまいますよね。奥岳も何気に好きなプログラムだったりします（笑）。

で、テレビとかに取り上げられる事はまずないんですが、実は風俗産業に関しても同じような理由で日本が世界一、と思っている日本人男性が多かったりもするんですよね。日本にはアジア最大の歓楽街、歌舞伎町もあるし、風俗で言えばキングオブ風俗と称されるソープランドもある。自慢出来る要素満載だよね、と思ってしまいがちなんですが、残念ながら**世界には日本の夜遊びを凌駕する風俗がゴロゴロ**あるんですね。

歓楽街の規模で言えばタイのビーチリゾート・パタヤが挙げられるでしょう。街全体におよそ二千を越えるバーがひしめき合い、風俗遊びのお相手をし

マカオ風俗での顔見せ風景

てくれる女性の数は優に一万人を越える！　と言うのだから、歌舞伎町が束になっても勝てるような相手じゃありません。日本だけで遊んでると分からないかもですが、世界には凄い場所や風俗が沢山あるんですよね。
　そんな日本風俗を凌駕する世界の風俗の中から、奥岳が特に凄い！　とビックリした海外風俗『極楽』ランキングをご紹介致しましょう。

第3位

マカオのエロサウナ

世界の美女たちがセクシー姿で勢揃い！　この顔見せは必見です

　香港と同時期にポルトガルから中国に返還されたマカオ。東洋のラスベガスと称されるカジノシティとして有名ですが、実はマカオにはもう一つ知られざる顔があります。それが**ゴージャス極まりない風俗**なんですね。
　昔から金の飛び交うところ女アリ、って言われるように、マカオにはカジノで勝った客を目当てとした風俗店が、沢山あったんですね。しかもその多くは、ホテル内に併設されているような政府公認店。風俗はこそこそ遊ぶってイメージが強いかもですが、マカオでは堂々とゴージャスに遊べる店ばかりだったのです。
　そんな風俗天国だったマカオでしたが、中国に返還される事になって大騒ぎに。風俗は資本主義

マカオの歓楽街。レストランなどに混じり当たり前に風俗店の看板も

十八桑拿のダンシングステージ。下からも覗けます

の悪と断じる中国になる事で、すべての風俗店は廃業させられるのでは⁉　との動揺が広がったのです。

しかし、その不安は中国の声明によって安堵の声に変わりました。返還から五十年の間は**一国二制度**（※注1）とする事で、風俗店の扱いはマカオ行政区に任される事になったのです。

中国返還後、風俗店の存続は約束されましたが、一方で正規店の陰で黙認されて来たストリートガールや無許可の**置屋ホテル**（※注2）などは次々摘発され、消滅する事に。街を歩いていると女のコに声を掛けられるような猥雑さは、少しづつマカオから消えていったのです。風俗ファンには、ちょっと寂しい変化ですが、中国になっちゃったんだからこればかりは仕方ないですよね。

更に中国本土からの観光客が増えるにつれ、通りを賑わしていたピンク系の看板も次々撤去。昔からこのホテルには風俗店が入ってるよね、と分かっている人には問題ありませんが、初めてマカオに遊びに来た人には、風俗店が探しづらくなって来ております。

そんな風俗隠しの中でもマカオで元気に営業しているのは、**夜總会**（※注3）、**浴室**（※注4）、そして**桑拿**（※注5）の3ジャンル。その中でもダントツのゴージャスさを誇るのが桑拿です。

マカオサウナとも呼ばれる桑拿。店に入ると、まずロッカーに通され、そこでガウンに着替えて大浴室へ。さっぱりしたら休息室で飯など喰ってリラックス。ここまでは普通のサウナと変わらないんですが、1時間に1回ぐらいのタイミングで

高レベル&多国籍にビックリ!!

従業員に呼ばれて大浴室へ行くと、ここで始まるのが顔見せショータイム。アップテンポの曲に合わせて奥から女のコたちが次々登場。大きな店になると五十人を越える女のコたちが顔見せしてくれるので、これは例え遊ばなくても一見の価値ありです。

女のコたちのレベルもビックリするぐらい高くってしかも国籍も多彩。中国本土からやって来た女のコに加え、タイ、ベトナム、インドネシアなどの東南アジア勢に、ロシア、ウクライナなどの金髪にアメリカ系黒人も居たりします。彼女たちにはそれぞれランクがあって値段も変わって来ます。顔見せルームには、**コンチュア**(※注6)が居て「あの娘は幾ら?」と値段を聞くと教えてくれます。

そして顔見せの中には、ナント日本女性の姿も。僕ら同胞から見るとそれほど美人ってワケではないんですが、大陸から遊びに来た男たちには大人気で、値段は居並ぶ女のコたちの中で一番高かったりしますが結構指名が入るんですよね(苦笑)。

遊び方の流れは、ここで女のコを選んで館内にあるヤリ部屋へ。部屋はソープランドのプレイルームのようになっていて、1時間程度のラブタイムが楽しめます。

終わったら休憩室に戻って、ノンビリ寝るのも良し、もう一度、大浴場で汗を流すも良しです。店は一度入れば十二時

リオスパの顔見せ。多国籍な女のコたちが並ぶ

マカオの客を飽きさせない演出には脱帽です。でも、お金がどんどん飛んで行く〜ッ

間程度滞在出来るので、元気があれば顔見せでまた女のコを選んで遊ぶ事だって出来ちゃいます。で、最後に中で使ったお金を精算して店を後にするって感じですね。

マカオにある他の風俗もレベルが高く同じように楽しめますが、この大浴場での壮観な顔見せは、やはり他では味わえない醍醐味。これは是非、多くの方々に体験して頂きたい風俗と言えます。

気になるお遊び代の方ですが、安い店で安い女のコと遊べば二万円ぐらいから。豪華顔見せがあるのは入場料高めの高級店なので、こちらで遊ぶとなると最低三万五千円ぐらいはかかってしまいます。

マカオの物価は日本並みに高いので、風俗遊びもかなりの値段となってしまいますが、**どの店も政府公認なので安心して遊べる**安心感もあります。折角、海外で遊ぶのだから日本では体験した事のない遊びをしたい、と言う方にはピッタリの遊び場所と言えそうですね。


（※注1）一国二制度／九十九年の租借（貸し出し）と言うカタチで海外の統治となっていた香港とマカオの主権が中国に返還される事になって、生活そのものが大きく変わる事に不安を持つ住民たちに安心して返還に応じて貰うために中国政府が提案した統治方法。返還から五十年間は国の制度を押し付けず、統治は、それまでと変わらずやって下さい、と言うもの。中国返還から十年以上が経ち、一部は有名無実化してる、との反発も起こっている。

（※注2）置屋ホテル／外見は普通のホテルですが、中へ入ると女のコたちが待機していて選んで遊べるローカル風俗。

（※注3）夜総会／中華版のナイトクラブ。選んだホステスとプレイルームを使ったり泊まっているホテルへ連れ帰ってメイクラブ出来る高級風俗。

（※注4）浴室／日本のソープランドとほぼ同じ遊びが楽しめる。泡姫を直接見て選べる事、女性たちが多国籍な事、そして女のコによって値段が変わるなどの違いがある。

（※注5）桑拿／中国本土とマカオに多い風俗サウナを指す。マカオの店は、マカオサウナとも呼ばれている。

（※注6）コンチュア／接客係の事。

第2位

インドネシアのジャカルタにこんなゴージャスな楽園があったとは⁉

ジャカルタのザ・プール

インドネシアに風俗なんてあったの⁉　と多くの日本人がビックリしたのは、２０１８年夏。ジャカルタで開催されていたスポーツのアジア大会で、日本人選手四人が**全日本のジャージを着たまま買春**を行なったと日本中が大騒ぎになった、あの事件ですね。日本の代表選手が買春！　ってのもビックリものでしたが、それ以上に皆さんが驚いたのが、敬虔なイスラム教徒の国として知られていたインドネシアで風俗遊びが出来るの⁉　って事だったんですよね。

ニュースの第一報が配信されると奥岳のケータイ鳴りまくり！　出ると相手は付き合いのない雑誌や新聞の編集者の皆さんたち。誰かジャカルタの風俗について分かるヤツを捕まえようとあちこち聞きまくって奥岳に辿り着いたんだとか。タイとかフィリピンの風俗なら詳しいライターさんがそれなりに居るんですが、インドネシアとなると…詳しい人間、殆ど居ないんですよね～（笑）。

それほど日本では風俗認知度の低いイ

1001（スリブサト）の高級ホテルを思わせる豪華な入口

ンドネシアですが、首都ジャカルタはモチロンの事、ほぼ**インドネシア全土に風俗スポットが点在**。お固いイメージとは真逆な男性天国だったりするのです。

　戒律の厳しいイスラムの国で、風俗なんて大丈夫なの!? と他人事ながら心配してしまいますが、実はコレにはカラクリがあるんですね。ムスリム国家として知られるインドネシアですが、イスラム教徒の割合は国民の80%。残り20%はヒンドゥー教やキリスト教徒などの非イスラム系の住民となっているのです。20%と聞くと少ないイメージがしますが、インドネシアには二億四千万もの国民がおりますので、その20%と言えば五千万人近くにもなるんですね。で、インドネシアの風俗業界を支えているのが、こちらの20%の方々なのです。

ザ・プールの店内。室内にあるとは思えないゴージャスさ

　インドネシアで遊べる風俗は、思った以上に豊富。お騒がせ全日本選手たちが利用した**日本人クラブ**（※注1）に始まり、ローカル置屋、**番号置屋**（※注2）、**ダンドゥットカフェ**（※注3）、エロマッサージ、カラオケクラブ、ナイトクラブ、そしてストリートガールなどなど、様々なタイプの遊びが揃ってます。

　その中でゴージャスさでグンを抜いているのがジャカルタ・コタ地区にある『１００１（スリブサトゥ）』内にある高級ナイトクラブ『ザ・プール』です。

　ジャカルタでナイトクラブと呼ばれる店は、女のコと遊べる風俗店を指します。飲めるスペースでお相手をして貰う女のコを選びしばし歓談。話してみて良いな、と思えたらママに告げ、店内にあるプレイルームでエッチ出来る、というシステムとなっ

女のコとこんな感じでプールに浸って遊べちゃう

こんな豪華な遊び場があるなんて！

ています。

料金は一時間の個室プレイと飲み代込みで五千円程度の店が多いのですが、ここでご紹介する『ザ・プール』は、トータル二万円以上！　夜遊び代が安いインドネシアでは破格の高さとなっているのです。

その値段の違いは、行って頂ければスグに分かると思います。店のあるコタ地区は、ジャカルタの中でもあまり上品とは言えない下町エリアなのですが、この店が入居する『**1001**（※注4）』は、5つ星クラスの超高級ホテル並みの佇まい。ディスコ、カラオケクラブ、ホテル、そして「ザ・プール」から成る夜遊びの総合施設となっています。

1階のゴージャスなエントランスに入ると、コンチュアが何人も居て「今日はどちらで遊びますか？」と尋ねてくるので「ザ・プール」と告げます。すると担当となったコンチュアが店まで案内してくれるシステムとなっています。エレベーターで4階に上がり、幾つかの通路を抜けて「ザ・プール」の店内に足を踏み入れると、きっと度肝を抜かれるでしょう。そこは三階ほどの高さに吹き抜けとなった巨大空間が広がっていて、フロアの中央には2段の高さに分かれた大きなプールがデーン。その両脇にはビーチなどにある**ガバナ**と呼ばれる小部屋が並んでおり、入店したお客さんたちは、そちらの小部屋に案内されます。で、

少し熱めの温水プールなので 15 分もいるとのぼせちゃいます

部屋の中にあるフカフカのソファに座って待っていると、案内してくれたコンチュアが女のコたちを連れて登場。ビックリするぐらい可愛い女のコたちが和やかに挨拶してくれます。最初にやって来るのはスタンダードローカル（普通クラスのインドネシア女性）の女のコたちで、更に値段は高くなりますが、選りすぐりの美女たちを集めたモデルクラスもおります。そして更に更にお高くなりますが、インポート（輸入）レディと呼ばれる女のコたちも用意されており、タイ女性、ロシア、ドイツなども女のコたちまで選べてしまうのです。

お相手を決めたらまずはガバナの中でドリンク&フードタイム。名前や年齢を聞いたりしながらゆっくりゴージャスな一時を過ごしましょう。そして飲み始めて20～30分すると、女のコたちの方から「泳がない？」と言って来ますので、ロッカールームで用意されたサウナのパンツに着替え、いざプールへ。女のコたちもドレスから水着に着替えてくれるので、一緒にお風呂よりも少しヌルいぐらいの**温水プールの中でイチャイチャ**楽しめてしまうのです（※注5）。

そして気分が充分に高まって来た所で、プールから上がり、サウナのガウンに着替えたら、お楽しみの個室プレイへ。ここで一時間の至福の時を楽しんでプレイ終了となります。

現実離れした時間を過ごしてもらう為とは言え、ビルの中に吹き抜け空間を作り、25m規模のプールを作っちゃうなんて、どうかしてますよね（笑）。値段はインドネシア風俗の中で最も高い部類になりますが、ここはマジで体験する価値のある風俗と言えそうです。

日本が生んだソープランドが海外でリニューアル。驚きの進化を遂げていた！

タイのマッサージパーラー

日本が生んだキングオブ風俗と言われているのがソープランドです。男性客は、何もしないで**泡姫**（※注1）に身を委ね、繰り出すすべてのサービスを甘受。五万円以上の高級店に行けば、間違いなく極楽気分が味わえます（笑）。

そんなソープの魅力に目を付けた海外風俗の経営者たちは、自国にもソープ遊びをアレンジした風俗店を続々オープンさせていったのです。

海外版ソープランドが楽しめるのは、韓国、フィリピン、タイなどです。韓国ではトルキッシュバス、フィリピンでは**マッサージスパ**（※注2）、タイではマッサージパーラーと呼ばれ

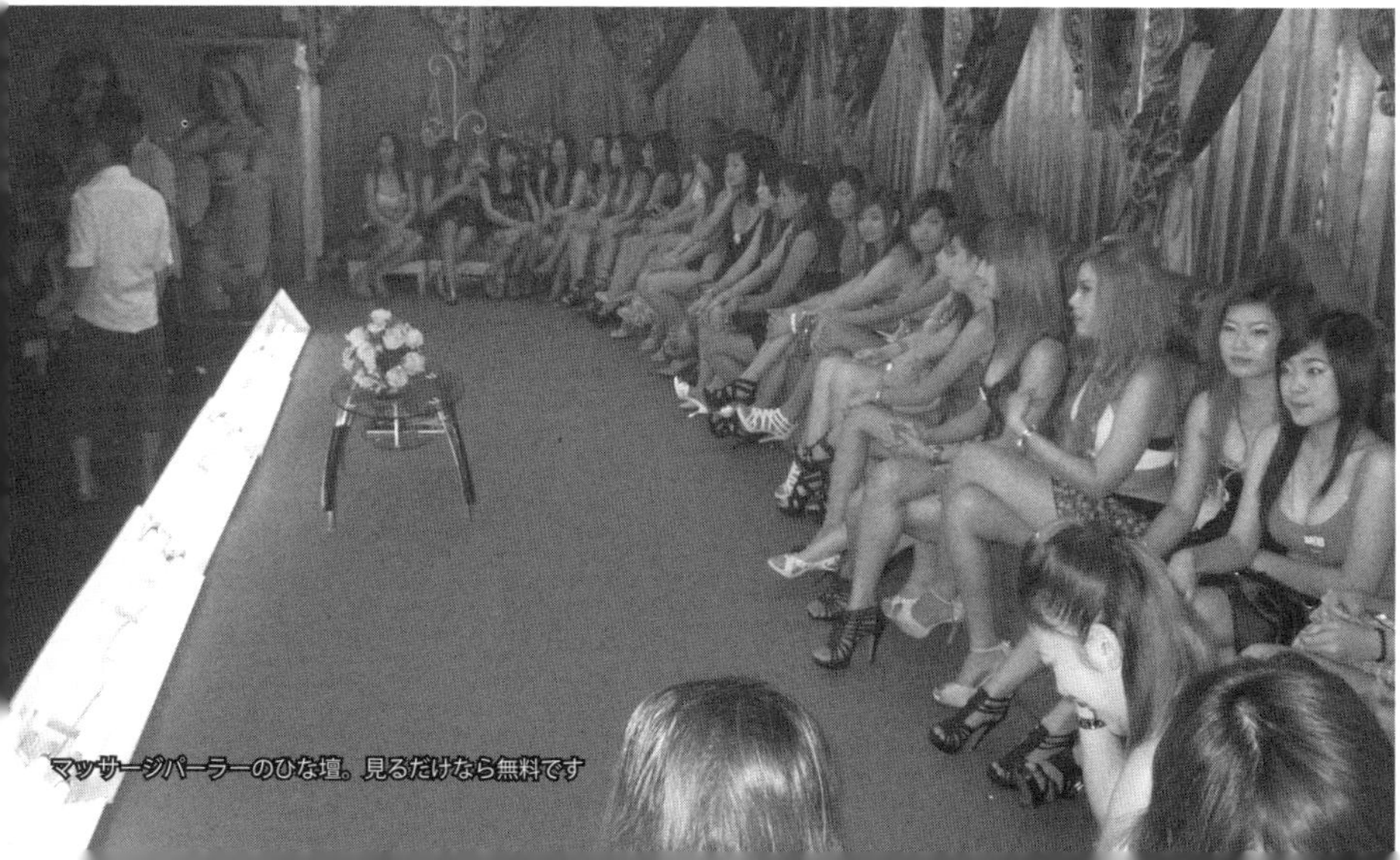
マッサージパーラーのひな壇。見るだけなら無料です

【※注1】日本人クラブ／日本人向けの女のコが連れ出せるナイトクラブ
【※注2】番号置屋／バリにあるローカル置屋の総称。店の入口にある門柱に大きく番号と末尾にXが書かれている。これが置屋を表わす印となっている
【※注3】ダンドゥットカフェ／ダンドゥットとは庶民の間で人気のロック調演歌。この音楽を流している女のコが接客してくれるカフェの事。
【※注4】１００１／インドネシア語で１０００はスリブ、１はサト。この２つを合わせてスリブサトと言うのがこの綜合施設の正式名称。千夜一夜物語から名付けられた。
【※注5】混浴サービス休止／ここに書いているいるプールでの混浴サービスは、政治的な理由で現在は休止されている。大統領選が終わり、落ち着けば再開されるとの事。

ソープの常識を超えた世界がタイにある

超高級マッサージパーラーの外観。とてもソープとは思えぬ豪華さ

ています。中でもタイは、ソープランド大国と言われるほど大人気となり、タイを代表する風俗となっています。遊び方の流れは、日本のソープとほぼ同じですが、マッサージパーラーには**タイならではのアレンジと進化**があり、初めて遊びに来た方はきっとビックリすると思います。

まず、店の規模がデカい！　日本のソープでも高級店になると立派な店構えをしていますが、タイの場合にはビル丸ごとがマッサージパーラー。イタリアの円形劇場コロシアムのようなデザインが施された建物であったり、高級ホテルを思わせるような立派な建物だったりするので「ここがマッサージパーラーだよ」と言われてもにわかには信じ難いかもです。

で、中へ入ると少し暗めの店内はまるで宮殿のような造りになっており、その奥にひときわ、明るい場所があります。その前まで進むと、そこは大きなガラスに仕切られた部屋となっており、深紅のジュータンが敷き詰められた段々があり、そこに煌びやかなドレスを着た泡姫たちが何十人も座っているんですね。実はコレ、顔見せルームなんです。遊んでいる日本人たちの間では「**金魚鉢**（※注3）」と呼ばれており、遊びに来たお客さんたちは、この顔見せ部屋にいる泡姫たちの中から、遊ぶパートナーを選ぶシステムとなっているんですね。日本でもマジックミラー越しに女のコを選べるシステムがありますが、こちらの場合には素ガラスとなっており、泡姫さんの方からもお客さんの姿が見えるようになっています。ですので、お客さんたちが金魚鉢の前まで来ると、一斉に笑顔を向けて来るので、ちょっと気恥ずかしくなるかもです。

ここで泡姫たちの確認をして、遊びたいお相手が居れば、フロアにいるコンチュアに声を掛けましょう。泡姫たちは番号の入ったバッジを付けているので、その番号を告げます。で、ここでもう一つ注意して欲しいのがバッジの色や形状。同じ店の泡姫なら、すべて同一料金が当たり前の日本に慣れていると、これもビックリポイントだったりするのですが、タイのマッサージパーラーでは泡姫の**値段が何クラスかに分かれている**んですよね。ですので、遊びたい泡姫が居たらまず値段を確認して、それで良いなら指名する、という流れになります。

値段の違いはどこにあるの⁉　って思いますよね。サービスの良さ？　年齢の違い？　見ただけではとても違いがあるように思えません。実はこ

大衆店だとかなり露骨にエロさをアピール。これ見たら入りたくなりますよね

の値段の違い、店が決めるのではなく泡姫たちが自分で選べるようになっているのです。自分の価値はこれぐらいが相応しい、と高い値段を選択する泡姫もいれば、とにかく稼ぎたいので安い値段に設定してお客さんの回転率を良くしたい、など、自分の思惑で選べるようになっているのです。

で、さらに顔見せスペースを見渡してみれば、金魚鉢に入らず、その横に座っている女性もおります。彼女たちはサイドラインとかモデルクラスと呼ばれるハイクラスな泡姫たちで、金魚鉢の泡姫たちよりも高い値段設定となっています。

クラス分けの数は店によってマチマチですが、少ない店で3～4クラス、多い店になると十段階近くにも細分化されている事もあります。

タイのマッサージパーラーは、値段によって大衆店、中堅店、高級店、超高級店に分かれています。大衆店だと千バーツ（約三千三百円）前後、中堅店で二千バーツ前後、高級店三千バーツ以上、超高級店となると五千バーツ以上となります。ちなみに泡姫を見てタイプがいなければそのまま帰る事が出来ます。その場合には遊んでいるワケではないので一切料金は発生致しません。是非、タイへ来たら覗いてみる価値ありですね。

そして最後にタイのマッサージパーラーならではの遊びが、アレキサンダー遊びです。これは世界で最初にハーレムを作ったと言われるアレキサンダー大王にちなんで名付けられた究極のソープ遊びなんですね。遊び方は仲間と一緒にアレキプレイが出来るお店に行きます。出来るのは一部の高級店か超高級店のみ。顔見せフロアにいるコンチュアに**アレキプレイが出来るかどうか確認**しましょう。

で、仲間の人数に合ったＶＩＰルームを借り、それぞれが泡姫を選んだら、一緒にＶＩＰルームへ。アレキ用のＶＩＰルームは、大人数で入れるジャグジーと飲んで騒げるリビンクスペース、それと人数分の風呂付き個室がセットになっています。ここへ入ってみんな一緒に混浴プレイが楽しめちゃうのです。

気心の知れた仲間同士で、泡姫をはべらせワイワイ楽しむ。共同ジャグジーでそのまま入り乱れてのプレイを楽しむもよし、混浴後に個室にシケ込むもよし。いきなり混浴っていうのはちょっと恥ずかしいかもですが、遊んでみると盛り上がりますよ。

ちなみに料金の方ですが、プレイ（約二時間）料金プラスＶＩＰルーム代。ダブル（四時間）で泡姫をキープしてカラオケなどでワイワイやるのもありです。

こうしたアレキが楽しめる店では、泡姫に**トリプル以上の値段を出せば連れ出す事も出来たり**します。タイのエロ好きセレブたちは、バンコクの高級店などから泡姫を大量に連れ出してホームパーティしたりしております。金さえ出せば何でも出来ちゃうのがタイのマッサージパーラーの魅力だったりするんですよね。

【※注１】泡姫／ソープランドでお相手をしてくれる女性の呼び名。
【※注２】マッサージスパ／同じマッサージスパでも健全店もありますので注意。
【※注３】金魚鉢／ガラス越しの部屋の中に煌びやかな泡姫たちが座っている様子が、まるで熱帯魚のいる水槽みたいに見えることから、こう呼ばれるようになった。

同じ店なのに泡姫によって値段が異なるシステムには面食らうかも。その値段の違いも日本人には分かりません（笑）

とても風俗店には見えないローカル向きの置屋。こうした店では、日本では考えられない安さで遊べてしまう

第2章—2

え!?こんな値段で本当に良いの? 余りの安さに驚いた

海外風俗激安ランキング

日本人が海外で遊ぶ時のメリットの一つに**国毎の物価格差によって安く遊べる場所が多い**事が挙げられます。日本と同じ物価レベルのアメリカや西ヨーロッパの国々で遊ぼうと思うと、日本の風俗と同等かそれ以上のお金を出さないと遊べなかったりしますが、日本よりも物価の安い国で遊べばビックリするぐらい安く遊べるんですよね。

中には「先進国の人間が発展途上国の人間を買い叩いてる!」と目くじら立てて怒る方もいらっしゃるでしょうが、物価が安い事で僕らのような庶民でも遊びに行ってお金を落として来る事ができるワケで、遊びに行った国から見れば、僕らのようなエロ親父でも遊びに来てお金を落としてくれて助かります、と思ってくれている一面もあるんですよね。僕らから見れば安いよな、と思える風俗遊びでも地元の男性から見ればバカ高かったりするワケですからね。むしろ海外から遊びに来る客大歓迎、って言う風俗街も多かったりするんです。中には地元男性ならこの値段だけど、海外のお客さんはその三倍払ってね、みたいなルールもあったりします。でも、その三倍払っても安い、と思って遊びに来る外国人客が居るなら、それはそれでアリですよね。

奥岳がこれから紹介する『激安ランキング』も僕ら日本人から見れば信じられないような安さですが、**それでも値段は外国人価格**なんですよ。外国人価格として払ってもなおかつ安い風俗に、どうぞ驚いて下さいね！

大都会の一角に迷路のような置屋街があった！
中国・深圳の置屋街・向西村

アジアの中で、どの民族が一番スケベなのか⁉と言えば、それは間違いなく中華系の人たちでしょうね。中華系の皆さんは、華僑として世界各地に中華街を作っていますが、その殆どに風俗店が集まる場所があります。台湾しかりシンガポールしかり、そして戒律が厳しく風俗遊びが禁じられているマレーシアの中華街にも風俗店が沢山あったりします。そして「風俗は人民の敵！」と声高々に言ってる中国本土にもビックリするぐらいの数の風俗街や風俗店があったりするのです。ただ、華僑の国には分かりやすい場所に風俗店があったりしますが、風俗を禁じている中国本土では、遊びに来た外国人観光客には**見つけづらい場所に隠れるようにして営業してる**んですね。風俗禁止と宣言している以上、風俗店が目立った場所にあっては困るからです。

それでも好き者たちの嗅覚は誤魔化す事は出来ません。香港に隣接する好立地を生かし、経済特区として大発展した深圳から一つ奥に入った所にある東莞市は、深圳の下請け工場として発展した街ですが、深圳よりも物価が安かったのでここまで来て遊ぶ外国人が増えて来て、いつの間にか「**東洋のアムステルダム**（※注1）」と呼ばれるほど有名

中国本土には妖しい店がいっぱい

な風俗街になりました。

　しかし、余りにも有名になり過ぎた東莞は、国家主席である習近平氏の怒りを買い、年間で風俗関係の売り上げだけで一兆円を超えると言われた性都は、一夜にして潰滅してしまったのです。経済効果よりもメンツを重んじる中国らしいやり方ですね。

　習近平氏の風俗取り締まりは、東莞市だけに留まらず、深圳、珠海などの広州一帯に及び、主だった風俗街は次々に取り潰されていきました。

　しかし、そうした風俗規制の中で奇跡的に取り潰しを免れた置屋街が深圳に残ったのです。それが向西村です。

　場所は、香港と繋がる入境口・羅湖と地下鉄・羅湖線・国貿駅との、ほぼ中間辺りにあります。どちらの駅から歩いても15分程度。中国本土ではグーグルアースが使えないので、羅湖の入境口でもらえる地図を頼りに探すしかありません。

　置屋街のある場所まで行くと、表通りから道幅3mほどの路地が何本か並んであります。その路地を入って行くと両側に4～5階建てのビルが密集して建ち並んでおり、圧迫感がハンパじゃありません。それを気にせず奥へ進んで行くと、一階のドアから顔を出して手招きする女性がチラホラ。彼女たちこそ目指す置屋ガールたちなのです。

　少しだけ開いたドアの中に身体を滑り込ませると、中は赤い電球が灯る顔見せ部屋。少ない店で二～三人、大きな店では五人程度の女のコたちが待機していま

風俗営業が禁じられている中国だが、町中には写真のようにド派手なネオンを掲げる風俗店が溢れている。これが中国のホンネと建前だ

す。ここでお相手の女のコを選んでヤリ部屋に行くんですが、その部屋は別のビルにあります。店のオヤジに女のコの少し後ろを歩いて行け、と言われ、女のコの先導でクネクネ曲がりくねった路地を歩き、目的のビルに到着。女のコが入口にあるベルを鳴らすと中から解錠してくれる仕組みになっており、鍵が開いたら、周りをキョロキョロし、人影がない事を確認して素早くビルの中に入ります。もうこれだけでドキドキですよね。何でこれほど慎重なのかと言えば、**公安**（※注2）に男性と一緒に建物に入る所を見つかると逮捕されてしまうからなのだとか。中国では男性客も問答無用で逮捕されるので、遊ぶのも命懸けですよね（苦笑）。ちなみに公安が巡回するよ、と事前に業者に連絡が入るみたいで、この路地から女のコの客引きが姿を消している時は遊べないサインとなりますので、日を改めて出直しましょう。

　さてプレイの続きですが、階段を上がった最上階がヤリ部屋。エッチしたら終わりの味気なさですが、公安に捕まるかも、の**恐怖が**素早く終らせなきゃと**快感を倍増して**くれます（爆笑）。

で、気になるお値段ですが外国人客の場合には二百元（約三千円）から。習近平が国家主席になる前は、百元で遊べたのにずい分高くなったものです。取り締まりをかいくぐっての営業なので、これも仕方ないかもですね。

【※注1】東洋のアムステルダム／アムステルダムにある世界的に有名な風俗街、飾り窓にちなんで東洋のアムステルダムと呼ばれていた。
【※注2】公安／ご存知、中国の警察。日本では考えられない強引な捜査で、中国で風俗遊びをしようとする人々を監視している。

向西村の女のコたち。置屋で働くのは地方都市から出稼ぎで来た娘たちばかり。滞在が長くなると美貌や服が洗練されていく

第2位

安さの殿堂、インドネシア・ジャカルタで遊べる本番ヘルス

インドネシア・ジャカルタ・ロイヤルマス

知られざる風俗大国インドネシアで遊ぶなら、やはり首都ジャカルタが一番です。地方都市にも遊べる場所が多々ありますが、ジャカルタにはインドネシア全土から稼ごうと女のコたちが集まって来るので、レベルが高いんですよね。

インドネシアで遊んだ事がない皆さんが、一番気になるのはやはり彼女たちの美貌でしょう。

日本にやって来るインドネシア人はそれほど多く無いですし、あまり日本に馴染み深い国ではないので、どんな感じ!? と言われても想像つかないんですよね。赤道直下の暑い国なので、色が黒くて鼻は団子鼻…みたいな、東南アジアへの偏見が入ったステレオタイプなイメージを抱いている方も少なくありません。でも、これはインドネシアに来てもらえば分かる事なのですが、**この国には美人が多い**んですよね。それを証明する分かりやすい例が、日本発のアイドルグループが初めて海外進出したエリアが、このジャカルタであった、と言う事実です。普通に考えれば韓国や台湾、中国が最初の第一歩でも良かったんじゃね、と思いますが、プロデューサーのA氏が選んだのはインドネシアのジャカルタだった。A氏がどうしてジャカルタを選んだのか、について本人の口から語られる事はありませんが、察するにアジア圏を見渡して、手アカのついていないアイドル候補の女性が多いのは、インドネシアだ！ と思ったんだと思います。

そしてA氏以外にもインドネシア女性の魅力に目をつけた企業があります。それは誰もが知っているアメリカが生んだスーパー飲料会社、コカコー

意外にもアイドル系の美人が多い

ロイヤルマスのある裏通り。入っていくのがためらわれるほどの妖しい雰囲気だが、別に危ないということはない

ラです。あの**コーラの独特フォルムの瓶**ですが、あのカタチはナント、**ジャワ女性のスタイルがモデル**となっていたのです。

　アイドル顔でスタイル抜群。そう聞くと遊びに行ってみたくなりますよね。

　インドネシア風俗の魅力は、女子力の高さだけではありません。物価が日本よりも相当低いので風俗の値段もビックリするほど安くなっているんですね。

　ジャカルタで**一般的な風俗はナイトクラブ**。飲食出来るフロアで女のコを選び、歓談を楽しんだ後、個室に移動してエッチ出来る、と言うシステムになっています。入店時に番号が書かれたプレートを受け取り、店内での飲食などをこの番号で管理。店を出る時に一括清算する店が多く、明朗会計で遊べるのも人気。大衆店から高級店まで幾つかのランクに分かれていますが、大衆店で遊べば女のコへのチップも含めて5千円程度で済んでしまう安

ロイヤルマスと同タイプの本番ヘルス顔見せ部屋。結構、レベルの高い女のコも少なくない

さなんですね。

　それでも充分安いんですが、更に節約したい方にはスーパー安い店があるんです。それが**トランスジャカルタ**（※注1）マンガブサール駅近くにあるロイヤルマスです。

　駅からマンガブサール通りに向かって歩いて行く途中の路地にあるんですが、店構えはかなり怪しい（笑）。こんな所でホント遊んで大丈夫～みたいに思って店の前でうかがってると、店の中から恰幅の良いオッちゃんが出て来て「お～お前どこから来たんだ？　日本か！　そうかそうかウチで遊んで行け遊んで行け」って。で、値段を聞くと全部コミコミで二十五万ルピアだって。それでエ～ッって驚いちゃったんですよね。二十五万って聞くと「わっ高！」って思われるかもですが、奥岳が驚いたのはその安さ。単位がやたら大きいインドネシアの通貨ルピアですが、日本円に直せばわずか千九百円。それで遊べるなんてビックリです。でも、女のコのレベルは相当落ちるんだろうな、と思いながらオッちゃんに続いて店に入ってみると…確かに化粧や着ている服が地味だったりするんですが、顔立ちや年齢は充分遊べるレベルじゃありませんか。しかも狭い店内には十名もの女のコがスタンバイ。**外見のヤバさからは考えられない優良店だった**のです。

　ヤリ部屋はかなり狭く老朽化してますが、エッチは部屋とするワケじゃなく女のコとするものですから、無問題ですよね。部屋にシャワーも付いてるし、充分楽しめるお店なんですよ。今は、少し値段が上がって二十七万ルピアになりましたけど、それでも二千円ちょっと。ジャカルタに行ったら、ここは行くっきゃないですよね。

【※注1】トランスジャカルタ／渋滞緩和の切り札として登場した二連結のバス。専用レーンを走る事で渋滞に巻き込まれることなく運行出来る。

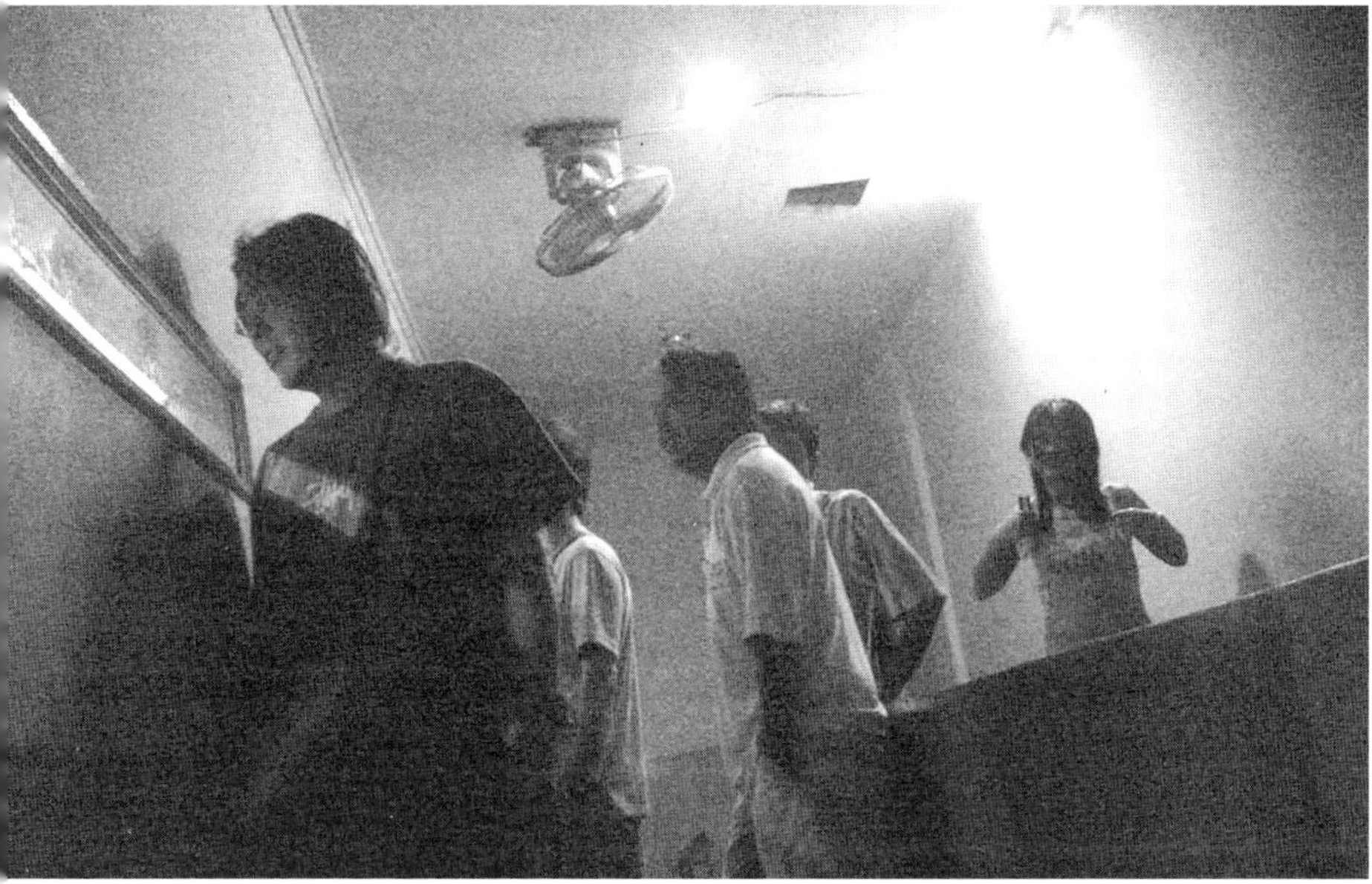

こちらは連れ出し出来るタイプの置屋。上の写真は、女のコたちが待機する部屋を覗ける窓を見つめる奥岳。下は覗き窓から見た女のコたちの待機部屋です

超激安! バングラディッシュ タンガイルの置屋街

画／尾上龍太郎

バングラディッシュ
首都ダッカから車で3時間の所にあるタンガイル
街の子供に導かれ狭い路地を一歩入ると
がや
がや
サリーをまとった女のコたちがズラリ並んでるじゃありませんか!
奥に行けば行くほど人数が増え…
がや
がや

グイッ
いきなり腕を引っ張って
遊ばない？とアピールです
わ
わ
グイ
グイ
グイ
引っ張るだけに止まらず
突いてきたりカバンを掴んだり
中にはツネってくる娘まで
彼女たちは日本語はおろか
英語もまったく出来ないので
交渉は遅々として進みません
ちょっと
待ってよ
えーと…
バングラ会話
会話帳で「いくら」って
言い方を調べます
コトタカ？
（いくら）
ピ

1って…何タカなんだよ
当時のレート1タカ＝1円
まさか1万ってことはないだろうか
どっち？
奥岳は100タカ札と1000タカ札を取り出し彼女に見せます
ビッ
ひゃ…100タカなの!? 日本円で100円じゃん
100円で遊べるの!?
これまで世界各地で遊んできましたが1発100円なんてこれが初めてです！

土間にベッドだけという簡素な部屋でプレイ開始
わっせ
わっせ
ドアの外では子供たちが走り回る声
なかなか集中出来ないよね
きゃっ
きゃっ
それでも何とかフィニッシュ！
1発100円…こんな風俗があるなんて
世界は広いなぁ〜
しみじみ…
——なんて感傷に耽っていると…
女のコから「もっとくれ」って言われちゃって結局500タカ取られちゃう事に（笑）
ニコッ
ま、それでも超激安なんですけどね

桁違いの安さ！ ワンコインで遊べる風俗街があった
バングラディシュ・タンガイル

こりゃマンガにするしかないですよね（笑）。バングラは、奥岳が行った国の中でもかなりカルチャーショックを受けた国でもあります。バングラの前にインドに行った事があって、その時、ガメツい連中ばかりで善人の居ない国だな、とトラウマになってまして、バングラも似たようなモンなんだろうなぁ、と構えながら行ったら、ビックリ！　良いヤツしか居ないんですよね。

遊びに行ったタンガイルって街は、首都ダッカからクルマで3時間程掛かるど田舎なんですが、街に到着してクルマを降りると、住民たちがワラワラ寄って来るんです。エッ、なんかちょっと怖いやん、と思っていると、急にニヤニヤして「何人なんだ？」と聞いて来て、日本人と答えると囲んだバングラの皆さんからウォ～って大歓声が上がって「日本人初めて見たから一緒に写真を撮ってくれ、撮ってくれ」と、まるでアイドルになった気分。これがどこへ行っても同じで、**メチャクチャ歓待してくれる**んですよね。道を聞いても案内してくれるし、案内してくれたから、とチップを渡そうとすると「良いよ良いよ」と言って受け取ろうとしない。これがインドだったら「もっと寄越せ」って言う場面ですからね。この間逆さにはホント驚きました。

そしてそれ以上に衝撃だったのが町外れにある置屋街でした。インドのコルカタにある世界的に有名な置屋街ソナガシも行きましたが、衝撃はそれ以上でしたね。置屋街がある一角は、高さ5ｍほどの壁に囲まれた城塞のようになっていて、その周りに何カ所かの狭い入口があるんです。で、中へ入って行くと人がやっとスレ違えるほどの入り組んだ路地が続き、その両側にサリーをまとった女のコたちが並んでいるんですね。外国人だって事で無関心を装う娘もいますが、積極的な女のコは手を伸ばして触って来たり、カバンを引っ張ったり、どんどんエスカレートしてきて揉みくちゃに。嬉しいやら困惑するやらです。彼女たちの仕草を見ていると、みんな揃って指を1本立てて来る。何の合図なのか、と聞いて見るとどうやらこれは遊び代の合図らしい。バングラの通貨はタカと言って交換レートは百円が七十七タカほど。まさか一万タカって事はないだろうから千タカって意味なんだろうか。こんな風に指一本の意味が分からない時には、財布を見せてどの札の事なのか確認するのが一番。出来れば、この確認を何人かの女のコにすれば、正確な金額が分かるんですよね。

　で、聞いた女のコが指差したのは、まさかまさかの百タカ札！　**え〜ッ、たった百二十円。**そんな安い訳ないよね〜、とその後も他の女のコで確認すると、やっぱり指差すのは百タカ札ばかり。余りの安さにクラクラしちゃいました。でも、まぁ実際に遊ぶとしっかり外国人価格って事で五百タカ取られちゃいましたけどね（笑）。

　バングラに遊びに行くにはビザを取る必要があるなど、ちょっと旅のハードルは上がっちゃいますが、他の国では味わえない世界が待っているので、ご興味のある方は遊びに行ってみて下さいね。

置屋街の路地には、サリー姿の女性が沢山

細い路地を塞ぐように女のコたちが立っている。遊びに来た男たちは、ここをかいくぐりながらタイプの女性を物色していく

第2章—3

海外風俗穴場ランキング

奥岳が日本に最初に紹介した海外夜遊びの穴場はここだ

穴場って何かいい響きですよね。人が余り知らない所を俺は知ってんだぜ、みたいな優越感あるし、何か楽しいモノが待っていそうな感じもする。海外夜遊びを楽しんでいる方々の中にも、自分だけが知っている穴場で密かに楽しんでいる方も少なくありません。でもねぇ、楽しいところがあるなら、知ってる一握りの人間だけで密かに遊ぶんじゃなくて、多くの人、奥岳の場合には**読者の皆さんに知って貰いたい**なぁって思うんですよね。

奥岳が編集長を努めさせて頂いていた『アジアンキング』に『アジアン王国』では、面白いと噂の場所があれば、先ず初めに奥岳たちが遊びに行って、安全に楽しめる所である事を確認してから誌面で紹介するようにしておりました。

紹介方法は、まず行き方。それからその穴場ではどんな遊びが出来て、どんな女のコが居て予算は幾らぐらい掛かるかなどを、出来るだけ詳細にレポートする事を心掛けていたんですよ。

で、そう

一部の人間だけが知っている秘密の遊び場。でも面白い場所なんだったら、同好の志と共有しなくちゃです

やって隠れた穴場を紹介すると、その反応は凄まじかった。中には**編集部に直接電話**までしてきて、書いてある記事を確認する方も一人や二人じゃありませんでした。皆さんやっぱり未知なる場所には興味津々なんですよね。ただ、その一方で「何で紹介したんだ」とのお叱りの声もあったりします。その理由を聞くと、遊び慣れてない人が大勢遊びに来ると、遊び場の相場が上がってしまうから、なんですと（苦笑）。何とまぁケツの穴小さい事言うんでしょうかね。中には自分の女を取られる（囲ってもねぇクセに）から紹介するんじゃねぇ、って怒鳴りまくってる方もいらっしゃいました（爆笑）。

　穴場も多くの人が知るようになれば穴場じゃなくなる。確かにそれも真実ではあると思うのですが、奥岳としては、やっぱり限られた人たちだけで独り占めするんじゃくて、広く同好の志たちで共に分かち合い、穴場をより楽しい場所になるようにすれば良いと思うんですけどね。皆さんはどちらの考えが正しいと思いますか？

第3位
人里離れた場所に突如浮かび上がる桃源郷
韓国・ヨンジョヨッコルのチョイの間街
OKUU

過去の歴史問題が原因でぶつかり合う事が多い韓国。日本と同じ東アジアに属する国なので、美人の傾向が似ていて、海外で風俗遊びをした事がない方に**どこの国で遊びたい**ですか？　と聞くと、半分以上の人が真っ先に韓国って言うんですよね。

　モチロン、奥岳も韓国には日本人好みの美人が多いと思ってますし、近くて旅費も安いので楽しく遊べるなら読者の皆さんにもオススメしたいと

日本人でも安心して遊べる風俗

思うんですが、ちょっとここ二十数年間の間に韓国は、**日本人にとって遊びづらい国になってしまった**んですよね。

　昔はホント良かったんですけどねぇ。1970代頃までは、韓国で女遊びするって言ったら日本人ばかり。街の小さな旅行代理店で「韓国遊びに行きたいんだけど」って言うと「**キーセンパーティ**（※注1）も出来ますよ」とか言っちゃって、当たり前のように手配してくれましたからね。

　で、遊びに行けば下へも置かぬような熱烈歓迎ぶりで、ホテルにキーセンの娘をつれてかえらない男性客には、ホテルのボーイがしつこいぐらい「女はどうだ」「女呼べるぞ」と勧誘して来たものです。

　そんな風向きが変わって来たのは、80年代に入ってから。韓国の皆さんの所得が飛躍的にアップして、韓国の男性陣が自国の歓楽街へ遊びに行けるようになってからです。日本人向けのキーセンは韓国人向けの**ルームサロン**（注2）へ衣替えし、徐々に日本人お断りの風俗が増えていったのです。

　韓国は歴史問題もあって、日本人の事を嫌ってる人も少なくありません。それは今も昔も変わらない。でもどうして以前は日本人を歓迎していたのかと言えば、たとえ嫌いな日本人であっても歓楽街で金を落としてくれるのはその日本人しか居なかったからです。たとえ嫌々であっても商売の為に我慢してニコニコしていたそうなんです。で、経済が発展して豊かになり、

何もない田舎の国道沿いに突然現れるチョイの間街。
橋を渡って川沿いに広がるのがヨンジョッコルです

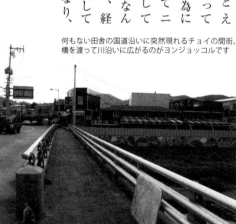

韓国男性が遊びで金を落とせるようになったので、もはや日本人にオベッカする必要が無くなった。これが手のひら返しの真実。こうして日本人が遊べる風俗が韓国ではどんどん少なくなっていったのです。

そんな中、唯一、日本人を歓迎してくれたのが**チョイの間**（注３）でした。

チョイの間は、チョイの間街と呼ばれるエリアに固まって営業する風俗です。いわゆる一発屋と呼ばれる速射風俗なんですが、通りに面した店の入口は、一面ガラス張りで中にはピンクや赤のビニールを巻いた蛍光灯が光り、その照明の中にスタイルの良い女性たちがガラス戸を半開きにして男性客に声を掛けて来る。店の近くまで行くと「オッパー（お兄さん）！」と大声で呼び止められたりするのが、何とも言えない風情を醸し出す風俗なのです。

表からの入口が封鎖されているので脇から細い路地を抜けてチョイの間街の中へ！

ソウル市内には、**ミヤリ、オーパルパル、竜山、ヨンドンポ、千戸の五大チョイの間街**があり、その他釜山など大きな町へ行けば必ず一カ所ぐらいチョイの間街があると言われる程、韓国ではポピュラーな存在。

遊び方は、入口で顔見せする女のコの中からお相手を選んで値段を確認して店の中へ。女のコが上の階に

お馴染みの風景。大きなガラス戸から女のコたちが身を乗り出して勧誘してくる

あるヤリ部屋に案内してくれるので、素早くシャワーを浴びてプレイとなります。時間は正味20分と言いますが、発射したら終わり。プレイそのものは何とも言えない味気なさですが、若い女のコが働いている事と値段が七万ウォン前後（約六千円）の安さなのが魅力と言えます。

このチョイの間では何故、日本人が邪険にされないのかですが、それはチョイの間は客単価が安いのでどんどん客を取って回転させなきゃ稼げないので日本人だからお断り、と**選り好みなんてしてられない**からだそうです。こうしてこのチョイの間は、キーセンが無くなってしまった日本人の拠り所として人気になったのです。

しかし、市内のど真ん中にピンクのネオンが灯るチョイの間があるのはチト恥ずかしいと思うのは当然の事。ヨンドンポなんて駅から歩いて三分ぐらいの所にありましたからね。政府としてはこれまで何度も潰す機会をうかがっていました。そして何度かの閉鎖再開を繰り返しながら完全に潰されてしまったチョイの間街も少なくありません。

何故か街の入口でMPたちが通せんぼ!?

ソウルだとまず最初に竜山が閉鎖となり、続いてヨンドンポ、そしてソウル最大のチョイの間街であったオーパルパルまでも完全閉鎖に追い込まれてしまったのです。

そうしたチョイの**間街の中でも特殊な環境にあった**のが、ソウル市内から一時間ほど北へ上がった所にあるパジュのチョイの間街ヨンジョッコルなのです。このパジュと言う街、行ってみれば分かる事ですが相当な田舎です。周りは山ばっか。何で何もないのかと言うと、ここから更に三十分も北上すれば、そこは北朝鮮との境界線として有名な38度線がある場所なんですね。危ないから開発も進まず放ったらかしになってるエリアなのです。

そんな何もないど田舎の幹線道路を走って行くと、突然、ピンクのネオンが煌々と輝く場所が暗闇に浮かび上がるようにして出現。その不思議な感じは、行った人じゃないと想像もつかない光景かも知れません。ここがヨンジョッコルのチョイの間街なのです。

近くにクルマを停め、チョイの間街の方へ向かうと不思議な光景に出喰わします。

表通りに面したチョイの間街への入口には、軍服姿のMPさんたちが立って、通せんぼしてるのです。通り抜けようとすると「ダメダメ」と言わんばかりのポーズで追い返されます。兵隊さんの後ろにはピンクの明かりが灯る店が並んでるんですけどね。どうして入れようとさせないのでしょうか？　手入れでもあったのかな？

それで、どこかに**見張りの居ない入口はないモノか？**とチョイの間街に沿って歩いて行くと警察署のちょっと先に路地を発見。とりあえず曲がってみるか、と路地に入って進んで行くと、何もない所にオッチャンが一人立ってます。そばま

チョイの間ガールに速攻で捕まる奥岳。女のコの誘いにゃ弱いんですよ（爆笑）

強引な勧誘に捕まっちゃう

で近づいていくと、手のひらを組んでパコパコする仕草をして来るじゃないですか。それを見てそうだそうだ、と答えると、オッちゃんは立ってる横にある、人が一人通れるほどの道に入って行け！　とジェスチャーで伝えて来ます。その指示に沿って狭い路地を進むと、急に目の前が開けてチョイの間街のど真ん中に出たのです。

その場所から表通りの方をうかがうと、兵隊さんたちが背中を向けて立っているのが見えます。蛇の道は蛇。阻止する者がいればその裏をかく人間もいる。色街は上手く出来ているのです。

さぁこれで遊べるわい、と明かりが溢れる店の方に進んでいくと、ガラス戸がガガ～ッと凄い音をたてながら開き、中から女のコたちが飛び出して来ました。ソウルのチョイの間街では、ガラス戸を開けて半身を乗り出すスタイルでしたが、ここは超積極的！　女のコたちは腕を掴んで離そうとしません。結局、そのまま店の中へ引き込まれて椅子に座らされ、料金説明を受ける事に。女のコたちは、こちらが日本人だってスグに分かったんでしょうね。言葉でなく指を立てての交渉となります。女のコたちは両手の指を開いて十万ウォンと言ってきます。ソウルのオーパルパルなどでは七万ウォンが相場ですから、ちょっと高い感じ。なのでこちらは指を七本立てて、**負けてよ、と値切りに入り**ますが、彼女たちは首をタテには振りません。まぁこれがヨンジョッコルの相場なんでしょうね。お金を払うと女のコが奥のヤリ部屋へ案内してくれます。

部屋に入ると全裸になるよう指示され、脱ぐとシャワールームへ案内されます。で、股間だけを洗って出て来ると、素早く拭いてベッドに寝るよう言われます。こっちが横になる間に彼女もドレスを素早く脱ぎ捨て、プレイ開始です。全身舐めからチュパチュパしてくれ、大きくなったのを確認したらゴム付け、騎乗位で合体。途中で身体を入れ替えて、怒濤の腰遣いでフィニッシュ。終るとスグに冷蔵庫から梅ジュースを取り出し渡してくれ、彼女はドレスを持ったままシャワールームへ。こちらは洋服を着て、ジュースを持ったまま退店する、って流れですね。**入ってからここまでで時間は十五分ちょっと**しか経っていません。エッチしたら時間に関係なくそれで終わりって言うのがチョイの間流の遊び方です。

この遊び方が味気ない、と思ってしまう方は韓国で遊ばない方が良いでしょうね。例え情緒がなくても割り切って若い韓流美人と遊べた、と思えないとダメなんです。

さて、折角、ソウルから一時間以上かけてヨンジョッコルにまで遊びに来たんですから、これで帰るのはもったいない。ヨンジョッコルのチョイの間街がどんなところなのか歩き回りたいですよね。で、そんな散策に役立つのが女のコに貰った梅ジュースなんです。女のコたちの強烈な勧誘から逃れるアイテムとして、このジュースが役立つんですね。ジュースを持っているって事は、遊び終わった後。女のコたちはジュース片手に歩く男には興味を示さないんですね。

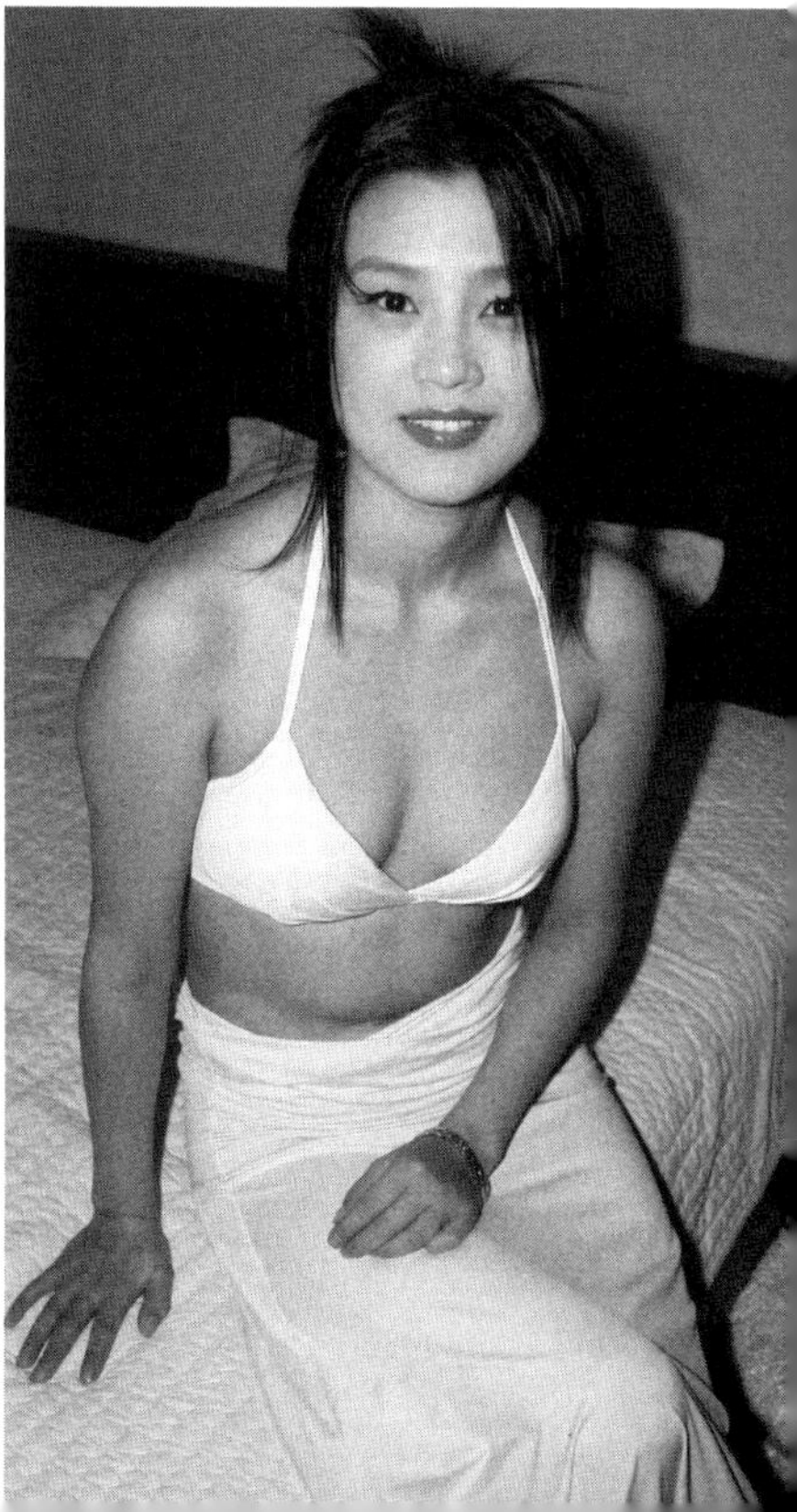

値段が少し高いだけあってヨンジョッコルの娘は美形揃いです

ジュースを持ってヨンジョッコルを探索しまくった事で分かったのは、このチョイの間街は**想像以上に規模が大きい**って事でした。店の数は五十軒近くあるでしょうか。女のコは多い店で四～五人って感じですね。こんなど田舎にこれほど大規模なチョイの間街があってヤっていけるの⁉と思ってしまいますが、ここには特殊な事情があったのです。

　普通のお客さんは来るに不便な場所なのですが、この立地でなければ困るお客さんたちがいたのです。それはナント兵隊さん。38度線近くには韓国軍と国連軍が駐留する基地があります。そこで働く兵隊さんたちが、短い休暇を楽しむなら…やっぱソバに色街が必要なんですよね。昔から軍隊ある所色街あり。この法則は万国共通の法則なんですよね。

　ソウルや釜山などにあったチョイの間は、次々廃業して寂しくなってきてます。このヨンジョッコルなどはまだ営業していますので、韓国で遊んでみたいと思うなら選択肢のひとつとして覚えておいて下さいね。

【※注1】キーセンパーティ／朝鮮王朝時代からあったナイトクラブ。
【※注2】ルームサロン／カラオケも楽しめるナイトクラブ。女のコの連れ出しも可。
【※注3】チョイの間／庶民向けの速射風俗。韓国の飾り窓とも言われる。

第2位 本当に実在した現代の女護ケ島。

中国・下川島

奥岳がこの島の存在を知ったのは、香港が中国に返還されてから三年ほどしてからの事です。タイの仕事仲間が「**中国に面白い島がある**んだけど知ってる⁉」と聞いて来たので、ナニナニ！と喰いつき行き方や地名を聞き出し取材に行ってみる事にしたのです。その島の名前は下川島。マカ

幻の女護ヶ島には可愛い娘がわんさか。こちらの二人は奥岳が泊まりでキープしたよ

オに隣接する珠海からバスとフェリーを乗り継いで辿り着ける南海の小島です。**フェリーが夕方には終ってしまう**ので、日本からどんなに早い便で香港入りしても、その日中には島に到着出来ないと言う行きづらさ。それでも行くだけの価値があるのか無いのか。こりゃ行ってみなけりゃ分かりません。

珠海でなるべく早い時間帯のバスに乗る為、日本を出発したその日のうちに珠海にまで移動。バスの時間を調べた上で珠海のホテルへ泊まります。で、朝8時、バスターミナルから下川島に向かうフェリーの乗り口まで行くバスに乗り込み、二時間ほど移動。行程の殆どは高速道路でびゅんびゅん飛ばしての二時間ですから、かなりの距離を移動した事になります。

港で下川島行きのチケットを購入して出発待ち。フェリーの乗り場にある地図を見ると、目的地の下川島は近隣の他の島と共に上下川群島と呼ばれるエリアに属する島のようです。

乗船した船は六十人乗りの小さな船。港を出てスグに船は大きく上下。ここは湾内とかでなく外洋に面しているので、ハンパなく波が高いのです。揺られ続けること五十分、船は下川島の港へ着きました。でも、この港が終点ではありません。ここでマイクロバスに乗り換えて島内を横断。港の反対側にある王府洲と呼ばれるビーチエリアへ行かなければならないのです。島の集落を越え、急坂を登って下りると目指す王府洲が

島のリゾートエリア王府洲には、こんな感じの置屋が全部で20軒以上もある！ 最初の頃はショート200元、泊まり400元でした

現れます。

バスを降りるとゲートがあり、そこで入村税を支払えばいよいよ目的地である王府洲です。珠海のバスターミナルを出てから五時間ちょっと。楽園が待っていなけりゃ我慢出来る行程じゃないですよね。

さて、この王府洲、簡単に言うとビーチリゾートですね。砂浜ビーチを取り囲むようにホテルやレストランが並んでます。町並みも綺麗に整っており、ビーチの前を区画整理してビーチリゾートを新たに作ったって感じです。実はその通り、ある事をキッカケにこの島にビーチリゾートエリアが真っさらな状態から作られたのです。

さてその開発の**原因となったのは、香港とマカオが中国に返還されたから**。香港マカオが返還されてどうしてリゾート開発が行なわれたのか、と言うと、実はこの島、中国軍が香港マカオの出入りを監視する為に軍事基地を置いていた島だったからなんです。中国に返還された事で軍事島としての役目が終わりました。そのまま軍を撤収させても良かったのですが、島を管理していた軍は、このまま放棄するのは勿体ない。島をマカオのようなカジノ島にしようと考え、リゾートホテルを作る事にしたんだそうです。

日本人にはピンと来ませんが、中国には政府、共産党、軍部、そして公安と言う権力組織があり、それぞれが利権を持っているんですね。ですので、この下川島も軍が撤退すれば国の物となっちゃいますが、軍所有のままリゾート開発すれば軍の利権となる。こうして基地だった島がリゾートアイランドに早変わりしたんですね。ところが当初予定していたカジノ化は政府から許可がおりない。共産主義国家でカジノ営業するのは流石に無理ですもんね。そうこうしてるウチにホテルはどんどん出来ちゃうし、整備も進む。でも、立地の悪い下川島のニューリゾートに果たしてお客さんが来てくれるんだろうか。そこで軍が考えたのが**リゾートの置屋化**だったんですね（爆笑）。

カジノからいきなり置屋かよ！　と思わずツッコミ入れたくなりますが、これが案外、良いアイデアだったんですよ。と言うのは、中国では風俗が禁止されているので、ちょっとでも派手に営業すれば公安が乗り込んで来て潰されちゃいます。遊ぶ方だっていつ公安に捕まるか、と思えばリラックスして遊ぶって事は出来ません。ところがこの島は、島全体が軍の管轄下にあるので、公安と言えども立ち入る事が出来ないんですね。この中国であって中国でない治外法権によって、下川島は売春島として内外の風俗マニアに大人気となっていったのです。

さて、奥岳も宿を決めなきゃなりません。実は事前予約しようと思ってネットでググっていたのですが、この下川島のホテルはひとつも出て来ない。でも周りはホテルだらけなので何とかなるっしょ、とウォークインで良さげなホテルへ。フロントで予め用意しておいた中国語のメモを見せ、部屋が空いてるかどうかと値段を確認してチェックインです。すると、そのやり取りをしてる**僕のそばに女のコたちが集まって**来て、鍵を奥岳よりも早く受け取るとスーツケースも持って一緒にエレベーターへ乗り込んで来る。こんな女のコのポーターがサービスしてくれるんだ、と思っているとそのまま部屋の中に入って来て、ありがとうと言っ

泊まりで女のコを決めないと勧誘の嵐！

ても帰ろうとしないんですよ！　そう、彼女たちはポーターとかじゃくてホテルに併設されている置屋の女のコたちだったのです。

このイキナリの下川島の洗礼に嬉しいやらオロオロするやら。こっちはホテルへチェックインし、用意してから探索に乗り出そうって思ってたのにイキナリですからね。ちょっと後で後でと言っても聞き耳持たず、誰かを選ぶまで帰ってくれる気配は一切ありませ～ん（笑）。それで仕方なく一人を選んで他の女のコたちにお引き取り頂き、バッグを開ける間もなく対戦です。それで戦い済んでショートの料金二百元（約三千百円）を支払いようやく女のコを帰す事が出来たのです。

さぁ洋服を着替えて街を歩き回ってみるかな、と準備をしていると、ピンポ～ンと呼び鈴が。で、**出て見るとまた彼女たちの襲撃**です。一人の女のコに少し開けた隙間に足を入れられ、ドアも閉まりませ～ん（泣）。頼む！勘弁してくれ～、後で必ずキミたちの中からパートナー選ぶから、と懇願し、何とか帰って貰える事に。その後も三十分も経たないウチにピンポ～ンピンポ～ン。もう居留守するしかありません。

何とかこの熱烈歓迎をかい潜り、ホテルの外へ出る事が出来たのです。ふ～ッ、しんど。

さて、王府洲ですが、三方から山が迫るそれほど広くない平地にホテルやレストランが密集して建ってます。ビーチと平行して三本の通りがあり、その間に何本かの路地が走ってるレイアウトとなっており、ゆっくり歩けば小一時間で見て回れる感じですね。で、お目当ての置屋は、ホテルの中や横に併設してる店と単独営業している店とがあります。小さい店まで入れると、**全部で二十軒以上の置屋がある**ようです。こんな小さなリゾートには不釣り合いな数ですよね。ビーチに面したレストランを覗いてみると、女のコと一緒にご飯を食べているオジさんたちがチラホラ。奥岳も朝から何も食べて無かったので、そのレストランで食事をする事に。牛肉面ってヤツを注文です。

で、牛肉面が出来るのを待っていると隣りにいたオジさんが「ウジュカムフロム？（どこから来

最初に遊びに来たのは同じ言語の台湾人です

たの)」と、いきなり英語で奥岳に話し掛けて来たのです。エ、エッ！　こんな田舎に英語の出来る中国人が居るの⁉　とビックリしながら「ジャパン」と答えると、今度はナント「え〜っ！　日本から来たの」と日本語が飛び出した。こりゃビックリです。

聞けばこのオジさん、台湾から遊びに来たんだとか。流暢な日本語話せるオジさんに「こりゃ絶好な機会だ」と奥岳は大喜び。この島について色々質問しちゃいましたですよ。

実はこの島、リゾートがオープンしてスグに台湾で紹介されると好き者たちの間で大評判となり、多くの台湾オヤジたちが女遊びをする為に殺到してるのだとか。彼らにすれば同じ中華圏なので言葉も通じるし、ここなら中国本土で公安の目を気しながら遊ぶようなリスクもない。そりゃ人気になるのも当たり前ですよね。このオジさんは二回目の来訪で、同じ女のコをキープしながらのんびり十連泊してるんだとか。オジさんのパートナーの女のコを見れば、どこから見ても孫娘。こんな遊びをしてりゃそりゃ寿命も伸びちゃいますよね。

このオジさんに下川島の立ち回り方法を聞くと、なるべく早く**パートナーをお泊まりキープする**事。そうすると他の勧誘が来なくなるのでノンビリ出来るのだとか。で、相性が合わなければ、翌日、女のコを入れ替える。これを

こちらが下川島のメインビーチ王府洲エリアの全景。元基地だったところに一気に作ったのだとか。現在では認知度も上がり中国人ばかりが遊びに来ます

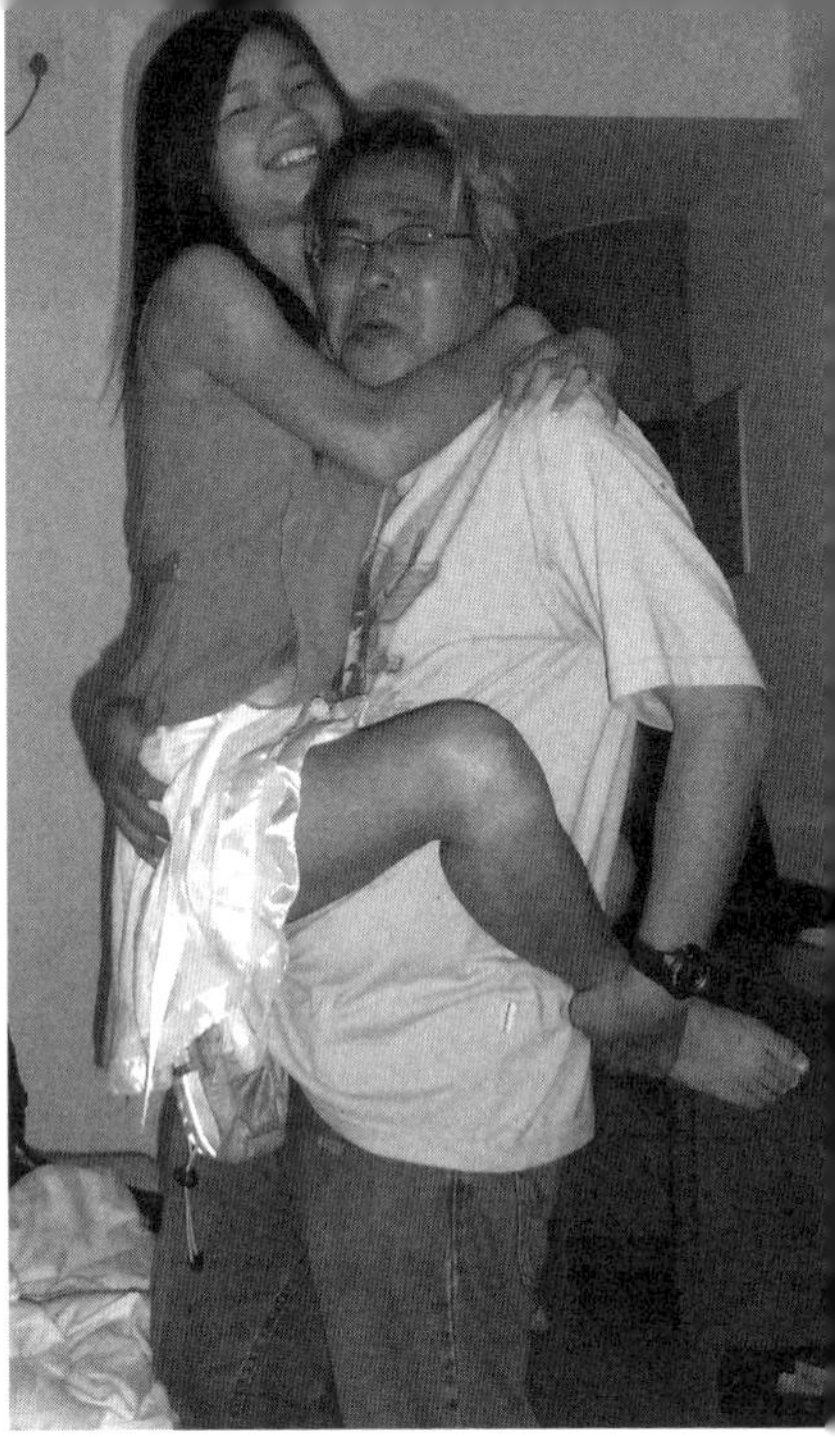

奥岳の選んだ天然娘はこの懐きよう。こんな風にされたら連泊で遊んじゃうよね

繰り返していけば「こんな女のコが見つかるんだよなぁ」だそうです。オジさん、目尻下がり過ぎだよ（笑）。

奥岳もオジさんと分かれてホテルへ戻ると、チェックインの時と同じようにロビーで女のコたちが群がって来ます。部屋に戻ってもピンポン攻撃されるワケですから、ここで選んだ方がいいですよね。奥岳は女のコの中からあどけない笑顔が魅力的な娘をお泊りでキープする事にしました。**お泊まりのお遊び代はショートの倍**、四百元。かなり安いですよね。

部屋でご挨拶の一発をカマした後は、ゆるり〜ゆるり〜♪と過ごします。お泊まりキープしてるのでピンポン攻撃もないし、こりゃ楽チンです。

暗くなってから女のコと一緒にお手て繋いでエリア内デート。柄にもなく砂浜を歩きハシャギまくったり小さな店で女のコに靴を買って上げたりラブラブでした。レストランに入ってどれが美味しいのか分からなかったので女のコ任せて注文すると、これがまた絶品なんですね。特に土鍋に入った炊き込みご飯が美味過ぎてバクバクいけちゃう。上に鶏肉のような肉が乗ってるんですが、なんかちょっとヘン。鶏肉にしては小骨が多いんですよね。それで女のコに「これ何の肉？」って尋ねると、両腕を机についてピョンピョンと飛び上がる真似をして「ゲコゲコ」と鳴き声を！　ピョンピョンゲコゲコって、そりゃカエルじゃん（爆笑）。中国人が食べない四つ足は机だけってよく言うけど、それって本当だったんですね。

部屋に戻れば二人してベッドでゴロゴロ。首に抱き着いて来たり足でこちらの身体をカニバサミしたり…天然系の女のコとのやり取りに、奥岳の中国女性に対する認識が180度変わりましたね。

結局、そのまま同じ女のコと三日間を過ごし、奥岳は下川島を後にしたんですね。

この体験をアジアンキングで記事にすると、これまでにない大反響が編集部に寄せられました。中には明らかにお前、読者じゃなくて同業者やろってのもいるぐらい問い合わせが殺到。これは更に追加取材が必要だよね、と**奥岳は都合五回も下川島へ通い詰めました**ですよ。

そんなこの世の楽園のような下川島でしたが、残念ながら終わりを迎える事になります。習近平の風俗引き締め政策によってこの島にも指導が入り、表通りにあった置屋はすべて廃業。目立たない場所にある置屋が数軒残るのみとなってしまったのです。

それでも女護ヶ島が本当に存在し、それも中国本土にあったというインパクトは、二位に相応しい穴場と言えるんじゃないでしょうか。昔ほどは女のコは居なくなってしまいましたが、リゾートとしても面白い場所なので、ご興味があれば行ってみて下さいね。

奥岳が最も好きだった ゴーゴータウンと言えばココ!

フィリピン・アンヘレス

奥岳がアジア風俗の紹介を始めて最初に衝撃を受けた街と言えば**ココで決まり**でしょう。マニラ市内からクルマで二時間ちょっとの所にあるアンヘレスです。今では街に隣接したクラーク国際空港に関空からも便が飛んでるんで、かなり知名度が上がっては来てますが、奥岳が初めて行った頃には、旅行代理店のスタッフが「アンヘレス⁉なんスかソレ?」って言うぐらい、この街を知ってる日本人は居なかったんですよね。

マニラから２時間以上離れた田舎町に忽然と姿を現す１大歓楽街アンヘレス。その地名通り、堕天使たちの集まる楽しい街

マニラから遠く離れた田舎町に一体何かあるのかと言えば、ここには世界有数のエロ歓楽街があるんです。

ここの存在も「アンヘレス行ったら**ゴーゴーバーの観念変わる**から行ってみてよ」とタイにいる仕事仲間に教えて貰ったんですよね。正直「エ～ッそうなのぉ～」と最初は半信半疑だったんですが、聞けばアンヘレスには百軒を越えるゴーゴーバーがあるって言うじゃないですか！　バンコクのゴーゴーバー街であるパッポンやナナプラザ、そしてソイカウボーイだって店の数はそれぞれ二十軒程度。そのタイの三大ゴーゴーバー街を上回る数のゴーゴーバーが一カ所に集まってるなんて想像しただけでゾクゾクしちゃいます。こりゃナントしても行くっきゃないですよね。

でも、最初に書いたようにフィリピンのアンヘレスなんて旅行のプロである旅行代理店のスタッフでさえ知らなかった。で、宿の手配を頼むと案の定、予約のしようが無い、って言われちゃったんですね。こりゃもう宿の予約なしで行くしかありません。取り敢えずマニラにある提携会社に連絡して貰って、マニラからアンヘレスまでの足を確保して奥岳はフィリピンに飛んで行ったですよ。

クルマに揺られる事二時間ちょっと。アンヘレスの街に到着です。移動中にドライバーに「泊まるところ決めてないんだけど、どっか良いホテルある？　連れてってよ」と言うと、電話で宿に連絡してくれて無事、泊まれるホテルを確保出来たんですね。ホテルは決して綺麗で豪華とは言えませんでしたが、ホテル内にプールもあるしリゾート気分が味わえる造りです。部屋に荷物を置いて街に繰り出そうとすると…ナント、ホテルのプールサイドにまで**ネオンギラギラなゴーゴーバーがあるじゃないですか！**（チェックインの時にはまだ夕方だったんで分からなかった）　こりゃテンション上がりますよね。で、意気揚々とホテルを出ると、そこには噂通りのゴーゴーバー街が広がっていたのです。

でも、ここまで読んで、何でそんな田舎町に特大ゴーゴーバ街があるんだ？　と疑問に思った方も多いのでは。そこで、最初にこの街の誕生ストーリーをご紹介する事にしましょう。

このアンヘレスって言う街には、実はアメリカの、極東最大と言われる空軍基地クラークがあったのです。その大きさは日本の淡路島ほどもあった、と言うのですから想像もつかないデカさですよね。

米軍基地のお膝元にあった歓楽街が今も元気！

で、昔から**基地ある所には女アリ**って言う事で、基地のゲートに隣接する場所にゴーゴーバーが作られていったのです。ゲートから幹線道路（マッカーサー通りと言います）までの所にフィールズアベニューと名付けられた通りを作り、その両側にゴーゴーバーを集めたんですね。巨大基地内には多い時には十万を越える将兵が居たと言いますから、バーの数も十軒や二十軒じゃ足りない。そうこうしているウチに**百軒を越えるゴーゴーバーを有する巨大歓楽街**が出来上がっていったのです。

ところが永遠に繁栄すると思われていたアンヘレスに突如、暗雲がたちこめて来ます。フィリピンの大統領が代わり、基地使用に関する協定の延長が行なわれないことになり、米軍が撤退する事になったのです。それに驚いたのはゴーゴーバーの経営者たちです。最大のお客さんたちが居なくなってしまえば経営が立ち行かなくなるからです。知事からは米軍の撤退と同時にバー街もなくしたらどうか、とも言われましたが、バーの経営者たちの決断は商売を続ける、でした。しばらくは苦しいだろうけど基地の跡地は経済特区として多くの企業が来る事になるだろうし、周りには将兵の家族が遊びに来た時に泊まれるようにとホテルも沢山建っている。我慢すればやがて好転する。そう考えて多くのバー経営者たちはこの地に踏みとどまったのです。

撤退直後はかなり苦しかったと言いますが、予想した通り、基地の跡地には多くの企業がやって来てお客さんも徐々に増えていったのです。こんなど田舎に巨大歓楽街があるのには、こうした事情があったんですね。

煌びやかなネオンが輝き、街には多くの男たちが練り歩いてますが、でも**どこかノンビリ**しています。どうしてタイのゴーゴーみたいにギラギラした感じじゃないのかなぁ…この違和感は、あっちの店こっちの店とハシゴしていくうちに何となく分かって来たのです。その違いとは、女のコたちのやる気です。

アンヘレスで遊べる風俗と言えばゴーゴーバー。20年以上前の初取材の頃にはわずか1000バーツで女のコが連れ出せました

タイのゴーゴーの女のコたちは、指名した客を何とか捕まえて連れ出させようと必死だけど、ここの女のコたちには、そうした必死さがないんですよね。なんでなのかな、と何軒かの店で女のコたちに話を聞いていくと、何となくその理由が分かって来ました。それはお客さんと店外デートするかどうかの判断は、お店じゃなく**女のコたちに委ねられているから**なんですね。

　フィリピンではお店を介した売春は禁止されています。ですので、お店が「お前、必ずお客さんに誘われたら店外デートしろよ」と強要する事は犯罪となるので出来ないんですね。でもまぁそれでも

連れ出しの主導権は女のコにアリ

ゴーゴーバーは、女のコを連れ出してエッチ出来る事がウリの風俗ですから、連れ出し交渉そのものはして貰わなきゃ困る。そこで編み出した苦肉の策が女のコの裁量に任せる、って事だったのです。店が連れ出し強要しないのであれば犯罪に問われませんからね。で、お店が売春に関与してませんよ、とアピールする為にアンヘレスでは生理中であってもダンサーとして働く事が出来るようにしたんです。これは風俗としてはあり得ない話です。生理中でも働けるって事は、店にいる**女のコの四人に一人は生理中**で、連れ出し不可って事ですから。良いなと思ってモーションかけても「ゴメン

生理中でも働ける事から、誘っても「ゴメン生理中なの」と断られる事も少なくない。風俗としてはかなり手強いね

〜今生理なの」って断れちゃうんですからガクッってしちゃいますよね。

声掛けて確実にエッチ出来るって言うのが風俗だとしたら、アンヘレスのゴーゴーは風俗とは言えない。アンヘレスは何とも不思議なルールが存在するゴーゴーバー街だったのです。

風俗なのに女に断られて出来ない事もあるなんてケシカラン、と思われる方もいらっしゃるでしょうが、逆に考えるとこのシステムも悪くなかったりします。魚釣りに例えれば、タイのゴーゴーは喰らいつきたい（稼ぎたい）女のコばかりがいる管理釣り堀。それに対してアンヘレスは、自然の渓流を利用した放流タイプの釣り場で、すぐに掛かる魚もいるけど、生き延びて釣るのが難しい半野生になった魚もいる。釣り（女遊び）の醍醐味から考えれば、**アンヘレスの方が上級者向きだけど面白味がある**とも言えるんじゃないでしょうか。

奥岳もタイプだな、と思う女のコ何人かに断られつつ、バーホッピング（※注1）を繰り返しているウチに少しづつアンヘレスの遊び方が分かって来ました。

女のコを上手くゲットするポイントは、女のコの方にいかに興味を持って貰えるかって事です。店に入って、良いなと思う女のコが居たらドリンクを奢って横に座らせます。そして話をしながら脈がある娘かどうか見極めていくのです。こっちの事をタイプじゃ無いな、と思ってる女のコは、奢って上げるよ、と言っても断って来る事もあるし、例え横へ来てもどこか醒めた感じなのでスグ分かります。で、ダメだな、と思ったら深追いする事なく「話してくれてアリガトウね」と言って

【※注1】バーホッピング／バーを渡り歩く事です

潔くバイバイするのです。慣れないウチは敗北感を感じたりしますが、**クヨクヨ気にする事なく、次へ行きゃ良い**んですよ。要はナンパみたいな感じですね。

こうやって繰り返し遊んでいると、イケそうな女のコとそうじゃない女のコが何となく分かって来ます。そして中には自分の方から近づいて来る女のコもいる。そういう娘は、このお客さんなら誘われてエッチしてもいい、と思ってるから近づいて来るワケで、その娘でOKであれば、そのまま接客して貰えば良いんですよ。

ゴーゴーでは女のコが嫌がらなければボディタッチもOKとなっています。連れ出す気があるんであれば積極的に触りまくっちゃいましょう。横に座らせるとかじゃくて、自分の膝の上に密着して座らせちゃう。後ろから手を回して抱きかかえるようしてイチャイチャすれば二人の距離はアッと言う間に縮まります。言ってみれば店の中で前戯してるようなもんですからね。これで嫌がらずこちらに身を任せて来るような女のコであれば、ベッドでも間違いなく楽しい時間が過ごせます。

ただ、ここで即決して連れ出すのはダメ。ちゃんと生理じゃないかどうか確認するのを忘れずに。奥岳はこんな風に盛り上がって連れ出して、部屋に入ったら「ゴメンなさい、今日は生理なの」って言われた事が何度かありますからね。大丈夫だと思っても出来るかどうかの確認は絶対必要なんですね。

確認も終わり、充分盛り上がったらバーファインって言いましょう。これは女のコを連れ出すって意味です。バーファインするよ、言うと女のコはウエイトレスに声を掛け清算してくれます。お会計はドリンク代とバーファイン代。奥岳が初めてアンヘレスへ行った頃のバーファイン代は千ペ

イヤな客とは遊ばない。攻略に燃えちゃう

ソ（約二千円）。この中に女のコのサービス料金まで含まれる安さだったんですよね。

会計が終ったら後は女のコとホテルへ行くだけ。時間が早ければ一緒に飯でも喰って更にムードを高めるのも一興です。ガツガツしなくたって最後は部屋へ戻って二人きりの時間を過ごせるんだから**ゆっくりイチャイチャ**しましょう。

女のコの連れ出しは翌朝までとなっていますが、女のコによっては早く帰りたがる娘もいれば、翌日の昼間も一緒にいてくれる娘もいたりします。どれだけ親密になれたかで変わってくるので、本当の恋人を扱うように大切に思いやりを持って接する事が大切です。

誌面でアンヘレスの紹介を行なった時の反響はマジで凄まじかったですね。紹介した当時は値段もビックリするほど安かったし、女のコも若くて可愛い娘ばかりだったので、そんな凄い街がフィリピンにあったんだ！　と皆さんビックリしちゃったんですね。取材で通っているウチにバーのオーナーたちとも仲良くなって、店の中でダンサーたちが踊ってる姿も自由に写真に撮れるようになったので、誌面でのインパクトもハンパなかった。笑えたのが、**香港で販売してるアダルト雑誌にウチのページが丸ごと掲載されてた**、って事もありました。あ！　奥岳の写真、載ってんじゃんって。今なら著作権侵害だって大騒ぎになるような話ですが、奥岳的には香港の雑誌にまでパクられるほどインパクトあったんだなぁ、って大笑いしたものです。

その後、アンヘレスに遊びに行く日本人がどんどん増えて来て、海外夜遊びに興味がある人にはメジャーな存在となって行きました。そして最初にも書いたようにアンヘレスに隣接するクラーク空港に関空から直接行けるようになり、２０１９年冬からは遂に成田からの直行便も飛ぶようになります。初紹介から二十年近くが経ちわずか千ペソだったバーファイン代も三千ペソ以上に値上がりしてしまいましたが、アンヘレスの面白さは今も変わる事はありません。是非、機会があったらアンヘレスにも遊びに行ってみて下さいね。

77 初紹介から20年以上経って、値段も上がったし女のコたちの雰囲気も変わって来たけど、ここが男の楽園ではある事には変わりない

モテ遊びの鉄則

風俗ジャンル毎の遊び方を熟知せよ

海外には日本に存在しない風俗も多い。どんな料金システムで、連れ出すまでの流れはどうなっているのか。日本人は几帳面な性格の人が多いので、遊び方が分からない風俗には入りづらいと言うのもありますす。ですので、遊び慣れている人に案内して貰うか、それが無理なら事前にネットなどで遊び方を予習してから遊びに行く方が殆どだと思います。でも一つ厄介なのが、風俗ジャンルによっては暗黙のルールみたいなモノがあり、中々ネットでググッても出て来なかったりするんですよね。ですので、ある程度の基礎知識を頭に入れて、後は実際に店に通って覚えていくしかないでしょうね。

さて、店のシステムを予習しておく事は、女のコにモテる為にも必要だったりします。それはどういう事かと言うと、**このお客さんは遊び方を知ってる**と思って貰える事が大切なんですね。

当然の事ですが女のコたちはお金を稼ぐ為

に風俗の仕事をしています。ですので店ではニコニコ接客しながら、遊びに来たお客さんがどんな人なのか注意深く観察してるのです。特に海外から遊びに来たお客さんがメインとなる風俗では、様々な言語が飛び交いますので言葉でのコミュニケーションをしっかり取るのが難しい。料金の事を説明して、分かった分かったと頷いてくれても本当に理解しているとは限らない。お金を貰えると思って連れ出されたのに「そんな話は聞いてない、そんなに払わんぞ！」って言われる事もあるからです。だからこそ、このお客さん、ホントに分かってるの⁉と常に疑心暗鬼になっているんです。

「いやいや俺は約束した金よりも多く払う方だから大丈夫だよ」とこちらが思っていたとしても、それが女のコの方に伝わっていなければ、例え連れ出されてもお金を手にするまでは疑いは消えない。そんな状態で遊んだら、パーフェクトなパフォーマンスをして貰えるワケないですよね。実はこうした女のコの疑心暗鬼を解消して貰う為に**遊び方を熟知している必要がある**んですね。

例えば、女のコを指名して席に来て貰った時に遊び方を分かってる人は「何か飲みなよ」とウエイトレスに「奢って上げてね」って急かされる前に言いますが、知らないとウエイ

彼女たちのやる気を引き出すには、遊び方を知ってるから大丈夫だよ、と安心させてやる事が一番なんです

トレスに言われて初めてドリンクを奢る。たったこれだけの差なんですが、**女のコたちはシビアに見てる**のです。更に奢って貰ったドリンクが無くなりかけるとベテランは「もう一杯飲みなよ」と二杯目を奢りますが、知らない人はドリンクがカラになっても一向に奢って上げようとしないのです。この二つの事だけで、女のコたちは遊び方を分かっているかどうか判断出来ちゃうのです。で、店での遊び方が分かっている人は連れ出しの時のお金の流れも分かっているので、女のコは「この人なら安心だわ」となるワケです。たったこれだけの事でホテルへ連れ帰ってからの女のコの対応は雲泥の差になってしまうんですから、遊び方を知っている事がどれほど大切な事なのか分かって頂けると思います。

そしてもう一つ、店に行った時にして欲しい事があります。それは常にニコニコしていると言う事です。先ほども述べたように外国人向けの風俗では言葉でのコミニュケーションを取るのは難しい。お金に関しては店の遊び方を分かっているかどうかで判断出来ますが、どんな人物なのかまでは分からないですよね。女のコは連れ出されたら言葉も満足に通じない相手と二人きりにならなければならない。部屋に入っていきなり暴力を振るわれるかも知れないし、下手すれば殺される事だってありうるワケです。ですので女のコたちは、こちらの様々な仕草でリスクのある相手なのかどうか見極めようとしてるんです。もし、アナタが言葉が通じないと思って何も喋らず、更にニコリともしないでいたら、女のコはどう思うでしょうか。この人についていっても大丈夫⁉って思うのではないでしょうか。言葉で上手くコミュニケーションが取れないのであれば、**せめて顔だけでもニコニコ**して「自分は危ない人間じゃないですよ」とアピールする。ニコニコなら誰でも出来ると思いますので、言葉が上手く通じねぇな、と思ったら必ずやって下さいね。

第2章—4

海外風俗アンビリーバボーランキング

奥岳もビックリ！　ウソのような仰天体験

20年以上も海外で遊んでいると、ビックリするような体験をする事があります。まぁ、そうした体験って言うのはオイシい話より、エ～ッ、そんな女のコとヤッちゃったの!?って唖然とされるようなモノばかりなんですけどね（笑）。遊んでいる時にはそんなに違和感感じないんですけどね。戻って来て振り返ると「よくやったよねぇ」って自分でもビックリしちゃったりするんですよね。

ここではそんな、奥岳が体験した**アンビリーバボーな出来事**をご紹介しましょう。

長年、海外で女遊びしてるとビックリするような女のコにブチ当たる事も。後で振り返るととんだ笑い話になったりするんですけどね（笑）

第3位

取材した中で最も頭を抱えたのは中南米のこの国！ マジで泣きたくなった

ジャマイカ・モンティゴベイの女たち

雑誌のタイトルにアジアって付いてるのにも関わらず、奥岳はちょくちょく**アジア圏を飛び出し**て南米やアメリカ、そしてヨーロッパなどに遠征。和食ばっか食べてると時々、血の滴るようなステーキだって食べたくなるじゃないですか。それと一緒です。たまには毛色の違う女のコと遊びたくなるし、誌面的にもパツキンとかが出て来ると華やかになるしょ。そんなワケで年に何度かはアジア以外の場所に取材に出掛けてたんですね。

で、そんな中でここを取材したら面白いんじゃないか、と目をつけたのが中南米のジャマイカでした。きっとプールからジャバ〜ンと水しぶきを上げながら、ハルベリーみたいなナイスバディの女のコと遊べるハズ、って思い込みだけの取材で〜す（笑）。

前もって下調べしないで大丈夫なの⁉ って思われるかもですが、中南米はキューバとかドミニカ共和国など風俗が盛んな国が多いので、**間違いなく面白い風俗がある**、と確信してたんですね。

で、やって来たのはジャマイカのモンティゴベイ。アトランタ経由で日本から二十時間掛けての到着です。飛行機の中でモンティゴベイの治安などをチェックしてみると、これがかなりヤバいらしい。夜の一人歩きは絶対ダメよ、と書いてあります。まぁ奥岳は、年間四万人近い人が凶悪犯罪に巻き込まれると言うブラジルとかでも平気で遊んでますので、それほど深刻には考えてないんですけどね。対応としては、Tシャツ短パン姿で、持ち歩くのはその日使う分のお金とタバコだけ。この街

褐色の美人を求めやって来たジャマイカだけど

にはオリャ慣れてんだよってオーラを出しながら歩いてりゃ大丈夫です。それと**案外重要なのが無闇に人と目を合わさない**事。コレだけ守ってりゃそれほど心配はありません（あくまで奥岳の経験則なので真似しちゃダメよ）。

空港からタクシーに乗ってダウンタウンにある七千円程度の宿にチェックインです。これも初めて遊びに行く国での鉄則なんですが、泊まるのはダウンタウン、高級ホテルと激安ホテルは避けて宿を取る、って言うのが女遊びにピッタリ。高級ホテルだと女のコの連れ込みが出来ないですし宿のタクシーで夜遊びスポットの探索に行くと**結構ボラれます**。また、激安宿は治安が悪過ぎるので部屋に居ても安心出来ません。だからこの程度のホテルへ泊まるのがベストなんですよね。

で、チェックインが終わりロビーに出るとホテルマンが「女のコ紹介するよ」と速攻で声を掛けて来ます。ホテルへ呼ぶ事も出来るし女のコがいる店に案内する事も出来るという。値段は日本円でショート六千円程度。自分で見つけりゃ多分四千円程度で遊べるんでしょうね。でも、土地勘も無い場所ではいきなり自分の足で探すのは無理なので、安全料込みだと思って最初は乗ってみる事に。こちらが頷くとボーイはホテル

ただの街角風景に見えますが、この１枚を撮るのも決死の覚悟。周りに写ってるのはギャングみたいな連中なのでヒヤヒヤです

横の路地に向かって声を掛けると、一人の女のコがやって来ました。**見るからにその手の女性と分かる**出で立ち。でも顔の方は路地が暗い事もあって良く見えません。と言うのもジャマイカ住民の80％近くは黒人。かなりお肌が黒いので路地の暗闇に同化して良く見えないんですよ。ただ、洋服のシルエットから見る限り、スタイルはそれほど悪くありません。まぁ口開けなんだから、彼女で良いか、とその娘と遊ぶ事にしました。

ロビーに入って来る女のコの顔立ちを見て、奥岳はライオンキングのような雄叫びが思わず口をついて出て来ます。カリブの島なんだから、黒人と言っても顔立ちはアメリカ系黒人みたいな感じなんだろう、と勝手に思い込んでいたんですが、彼女はどこから見てもアフリカ系。バンビロに広がった大きな鼻に厚ぼったい唇。奥岳の妄想は一瞬にして砕け散ったのであります。

部屋に入っても奥岳のテンションは下がりっ放しですが、**女のコの方はノリノリ**でディープキッスはして来るわシャワーも浴びずにパックンチョして来るわの熱烈歓迎振り。終始圧倒されながらのプレイと相成りました。エッチの方は積極さ通りの濃厚プレイでありましたが…どうしようもなく我慢出来ない事がひとつ。ワキガがハンパなく凄いんです。シャワーを浴びてもブルーチーズとクサヤを混ぜ合わして十年発酵させたような強烈な匂いが部屋中に立ち籠めます。しかも、ベッドではシックスナインの体勢になってこちらの口と鼻に押し付けて来る！　気持ち良さと強烈ワキガ攻撃の狭間で奥岳は**幽体離脱状態**になっておりました。トホホ。

こちらは援交女性が集まるパブ。夜になると黒人率100%でかなり危ない感じ

昼間のモンティゴベイはリゾート気分満点で観光客向けの土産物屋が並んでます

モンティゴベイに五泊して、奥岳は五人のジャマイカ娘と対戦。そのウチ四人が強烈ワキガ娘。引きが良いのか悪いのか。鼻についた彼女たちの薫りは、半月ほども残っておったので御座います。

第２位

タイ・ヤワラーの置屋娘

まさかの臨月娘と対戦！　妊娠する心配ないからそのままで来てね♥

なんだかんだ奥岳が一番良く行っているのはタイランド。**嫁さんタイ人**なんで（その事の方がアンビリーバボーだったりして・笑）日常会話程度ならタイ語も喋れますから、居心地良かったりす

バンコクの中華街ヤワラーはディープなエリア

るんですよね。タイ人嫁と一緒の時には流石に夜遊びは出来ませんが、こっちは仕事ですので嫁は家に置いといてタイに通って遊んでるんですよね。

タイはどこへ行っても女のコと遊べちゃう**パラダイスのような国**ですが、やはりレベルが高いのは首都バンコク。でも、値段の方も高いので節約して遊ぶ時には、あまり外国人観光客が遊びに来ない川向こう（チャオプラヤー川の西岸）のトンブリー（※注1）やバンコクの中華街ヤワラー（※注2）などで遊んでるんですよね。

このヤワラーには格安で入浴出来るマッサージパーラーやローカル向けの置屋、そしてファランポーン駅（※注3）から小川を隔てたヤワラーの外れにある通りには、立ちんぼや座りンぼ（もはや立ってもいないと言う）がワンサカ居たりするんですね。ちなみに料金は交渉制ですが、値切れば五百バーツ（約千五百円）程度で遊べちゃったりするのです。

そんなヤワラーの立ちんぼたちを冷やかして歩いていた時です。通りの奥まった暗がりに一人ぽつんと座ってる女のコが目に止まりました。もっと明るい場所に出て来なきゃお客さんから声掛けられないだろうに…でも待てよ、ひょっとしたらこの場所に慣れてない来たばかりの女のコなので、**恥ずかしいから暗がりにいるのかも**。奥岳はそう思って女のコの方に近づいていったのです。「こんちわ」とタイ語で挨拶するとニッコリ微笑み挨拶を返して来ます。声からすると結構若そうだし、それほどスタイルも悪くないな、と身体全体を見回すと下腹

立ちンぼはこんな感じで通りに立って声を掛けて来ます。
バンコクにはこのヤワラーの他、何カ所かあります

中心部のヤラワー通りには中華の名店が軒を連ねる。フカヒレなどが安く食べれると人気

こちらは町外れにある立ちンぼたちが出没するエリア。昼間は人通りが殆どないゴーストタウンのよう

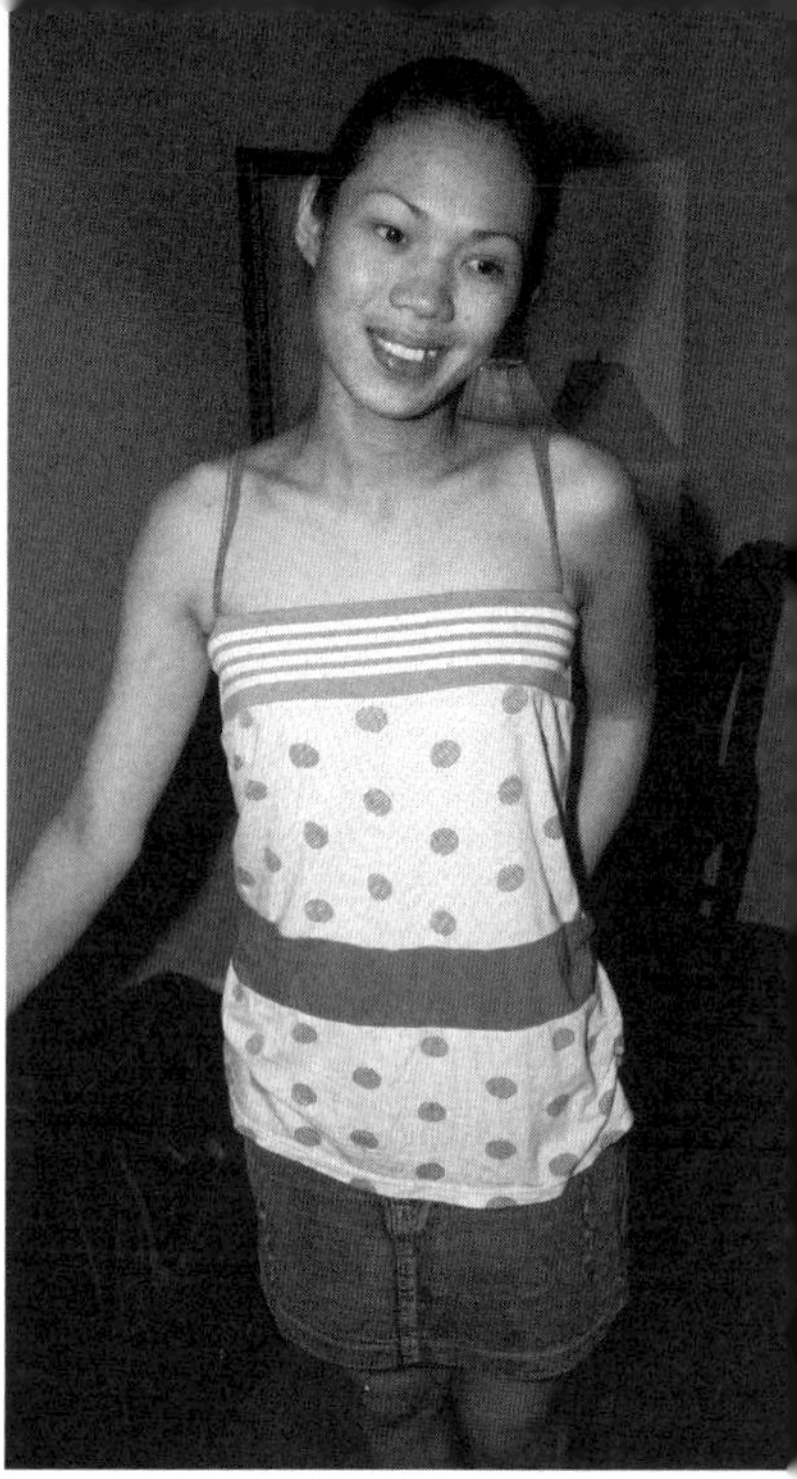

ヤワラーで遊んだ女のコ。値段は安いけど別にブスって言うワケでもない

部に違和感が！　身体の細さに比べてお腹だけが異様に大きかったのです。思わず後ずさりすると、女のコは悲しそうな顔に。これは何か事情があるに違いないと思い、彼女の横に座って詳しく話を聞いてみる事にしたんです。

彼女は**ナント七ヶ月目の妊婦さん**。ようやく吐き気なども収まり安定期に入ったので、お金を稼ぐ為にこの場所に来てみたのだとか。タイではよくある話ですが、付き合っていた彼は彼女の妊娠が分かると同時にバイバイ。田舎から出て来て頼る人も居ないバンコクで子供を産むためには、この仕事をするしか無かったのだそうです。でも、頑張って働いていましたが、四ヶ月目に入るとつわりが酷くなって仕事どころじゃなくってしまった。何とか仕事で貯めたお金も尽きかけてきた時にようやく安定期に入ったので、再びここへ来たんだって。でもこの身体、ここへ戻ってから四日目になるけど誰も遊んでくれない。話を聞いていたら何だか可哀想になって来ちゃいました。

そこで奥岳は「じゃ僕が遊ぶよ」と彼女に伝え、まず近くの食堂に行って食べられるモノを食べさせてあげ、食材屋で日持ちする食料を購入。更にお金を渡してバイバイしようとしたら**「こんなにして貰って何もしないで別れるのはイヤ」**と懇願するように言われ、仕方なく近くのラブホへ行く事になったのです。

自分の子供が居ない奥岳は、妊婦さんの扱いをどうしら良いか分からずオロオロするばかり。ホントこのまま何もしないで帰るつもりだったんだけど、彼女はサッサとシャワーを浴びてしまうし、こっちにも入れと急かされるので、浴びないワケにはいきません。それでシャワーを浴びて部屋へ戻ると、電気が暗くなっており彼女は裸のままベッ

まさかの臨月娘とのエッチは驚きの連続

ドに横たわって待っている。あ～こうなったらなるよにしかならん、と奥岳も意を決して彼女の横へ。初めてみる妊婦さんの裸体は神秘的でさえあります。手を出そうとしない奥岳を見かねて彼女は奥岳の手を引っ張り、愛撫してと囁きます。こんな状態で**エレクトしちゃってる奥岳はど変態**ですよね（泣）。張り切って五百円玉より大きくなった乳輪に手を添えモミモミすれば、彼女は甘い声で嗚咽を漏らす。もー我慢出来ませ～ん。おっかなびっくりしながら奥岳は彼女に襲い掛かっていったのでありました。チュパチュパして貰いこのまま発射しても良いや、と思っていると彼女は唇を放し、身体を横にして「妊娠する心配ないからそのままで来て♥」。どんな風にハメハメしたら良いのか分かりませんでしたが、正常位は無理なので後ろから足を持ち上げてするやり方で合体。これならお腹に負担が掛かりません。それでも心配だったので「何かあったらいつでも言ってね、中止するから」と伝えて静かにピストン。**世の中にはこんなセックスもあった**んだな、と感動しながらアッと言う間にフィニッシュ。何とも言えない背徳感とこれまでにない快感は感動モノでした。

彼女とは連絡先を交換し、そのあと四日連続でデートさせて貰いました。モチロンお金を充分に渡したのは言うまでもありません。出会いから二ヶ月後、彼女から女のコを出産したと連絡が入り奥岳はすぐにバンコクへ。赤ちゃんの産着などを大量に持参し、乳製品を買い揃えてあげました。彼女には「アナタにこの娘のパパになって欲しい」と言われましたが結婚している身にはさすがに無理。その後、彼女は子供と一緒に故郷へ戻って行きました。

【※注1】トンブリー／バンコクの中心を流れるチャオプラヤー川の西岸にある街。
【※注2】ヤワラー／バンコク最大の中華街。
【※注3】ファランポーン駅／バンコクの上野駅と言われるタイ国鉄の始発駅。

まるで屍姦プレイ!? バンコク・ナナプラザで本当にあったアンビリーバボー体験

画／尾上龍太郎

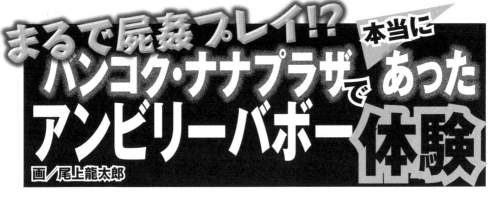

タイの首都バンコク——
ゴーゴーバーが集まるナナプラザ
店で仲良くなったゴーゴーダンサーとプラザ内にあるラブホへ
ここまでは普通だったんだけど…
部屋に入るなり…
バタッ
ん？どうした？
いきなりの爆睡です
ZZZZ

相当疲れてんのかな？
ま、そのうちに起きるだろ
が
何をやっても目を覚ましません
Wake up
Come on
ペシ
ペシ
早くしないと時間が来ちゃう
奥岳は寝ている彼女の服を脱がせ—
さすがに始めたら起きるよね
スク
スク
コトに及びましたが全く起きる気配なし
屍姦趣味なんてないのになぁ
わっせ
わっせ
それはまるで死体とヤッてる感じ それでも何とかフィニッシュ
奥岳は彼女の手に約束のお金を握らせ部屋を後にしたのです

きっと死んだ女性とエッチしたらこんな感じなんだろうなぁ
バンコク・ナナゴーのダンサー

おいおいおい、こりゃいくら何でもダメだろう、って皆さんからツッコミ入るかもですが**とっさの判断でシテしまった**ものは仕方ない（笑）。どうか笑って許して下さいね～。

いやね、言い訳するワケじゃないんだけど、店から連れ出すまでは普通だったんですよ。ちゃんと一緒に歩いてナナプラザ内のラブホへ行ったんだし、部屋に入ったばかりの頃は普通だったんですよ。それがいきなり「ちょっと寝て良い？」って言ったと思ったら、それっきりのバタンキュー。揺り動かしても軽く叩いても一向に起きる気配がなくなちゃった。ホント5分ぐらいはどうしたものかと悩んじゃったんですよ。でもね、店には連れ出し料金払ってるし、このままチップもやらずに帰ったら彼女だって困るじゃないですか。それで取り敢えずする事始めりゃ彼女も起きるだろうって思ったんですよね。一人で裸になってシャワーを浴び、それからもう一度起こそうと試みたんですが、一切起きる気配はない。それで**スカートとパンティを取って、**上のブラウスを肌けさせ、彼女のアソコを濡れタオルで拭いて彼女をペロペ～ロ。なんか夜這いプレイしてる雰囲気ですね（笑）。こっちも準備万端となったので、ゴムちゃんをしっかり装着して（紳士でしょ・笑）ゴメン下さ～いとなったワケです。

最初はいい調子でズコズコ出来たんですがそのウチ抱えた彼女の足がダラ～ンと伸びてしまうのです。これにはさすがに参りましたね。腰遣いと太ももの維持の両方に神経遣わなきゃいけないん

バンコク三大ゴーゴーのひとつナナプラザ

タイの夜遊びにはハプニングがいっぱい

ですから。しかし、こちらが激しく頑張ってるのに彼女はウンでもなければスンでもない。**死んじゃった女性とエッチしたら**きっとこんな感じなんだろうな、と思いつつ何とかフィニッシュに漕ぎ着けたのです。

後処理を終らせ、彼女のパンティ、スカートを元の位置に戻します。で、更に起こそうと努力したんですが結局ダメで、手に約束のお金を握らせてホテルを出る事にしたのです。フロントへ行って事情を話すと、フロントのオバちゃんは「そんなのダメよ！　アンタも一緒に来なさい」と部屋に戻る事に。なんかこっちが事件を起こしたと思われているようです。

部屋に入るとオバちゃんは辺りを観察して、それから**女のコの上に馬乗りになって**起こしに掛かります。そして肩を掴んで揺さぶるわ、顔を平手打ちするわ。そしたらやっと女のコが「ウ～ウ～ン」と声を出し始めたので、よくやく奥岳の無実が証明され、帰る事が許されたのでありました。オバちゃん、手に握らせていたお金を発見して「アンタ良い人ね」ってニッコリ。ナナプラザではこんな事が時々あるらしいようです。何とも人騒がせなお話でした（笑）。

ゴーゴーガールの笑顔にコロッといっちゃうんだよねぇ

第2章—5

海外に行かなきゃ遊べない風俗ジャンルもあるんです

海外風俗 日本にない風俗 ランキング

海外夜遊びの楽しみのひとつに**日本にはない風俗で遊べる**っていうのもあります。日本にあったら毎日通っちゃうのになぁって思っちゃうほどエキサイティングで楽しかったりするんですよね。どのジャンルも甲乙付け難いのですが、奥岳の好みでランキングにしちゃいました。海外に初めて遊びに行く時は是非遊んでみて下さいね。

奥岳がパタヤのビアバーで知り合ったオキニ。結構、長い期間、カノジョみたいにして付き合ってました

第3位

日本のナイトクラブに連れ出し出来る要素をプラス

日本人クラブ

皆さん、2005年に起ったフィリピンパブの悲劇を覚えていらっしゃるでしょうか？　それまで年間四万人以上も来日出来ていたフィリピンパブで働く**フィリピーナ**たちが、ビザの厳粛化によって日

日本人クラブが集まるタイ・バンコクの歓楽街タニヤ。通りには日本語の看板が溢れ返り歌舞伎町にでも来た感じです

本に入国出来なくなり、全国のフィリピンパブがバッタバッタと潰れていった事件です。その原因となったのが2004年にアメリカの人権団体が出した「日本のフィリピンパブは売春の温床で**深刻な人身売買の場**となっている」との報告書でした。その報告書を受けて日本政府は、**タレントビザ**(※注1)を厳粛化する事でフィリピンパブに働きに来る女のコたちを事実上、締め出す事にしたのです。

ここで疑問となるが、日本のフィリピンパブは売春の温床になっていたのかどうか、と言う事です。確かに限られた入国期間の間にお金を稼ごうと肉弾営業するフィリピーナも少なくありませんでしたが、店ぐるみで売春させていたフィリピンパブは殆ど聞いた事はありません。フィリピンパブは、あくまで店内でワ〜ッと騒げるただの飲み屋さんだったんですよね。であるなら、どうしてアメリカ人には日本のフィリピンパブが売春の温床のように見えたのでしょうか。それは、海外では女性が客席に同席して接客するタイプのお店は女のコ

【注1】タレントビザ／ホステスたちはタレントビザと呼ばれるビザで入国していました

をそのまま連れ出し出来る風俗店ばかりだったからなんです。つまり女性が席に付いて接客するフィリピンパブは、そうした性風俗店なのだろうと言う思い込みで報告書が作られていたのです。

フィリピンパブが性風俗店でない事は、日本人には常識だった。それなのにどうして政府はいい加減な報告書に意義を唱えず、すぐにフィリピーナを締め出すような事をしたのか？　政府関係者からの正式なコメントはありませんが、あるフィリピンパブの経営者は「既成特権で好き勝手にフィリピーナを来日させるフィリピンパブのやり方を苦々しく思っていたので、この報告書をこれ幸いと利用してフィリピーナの締め出しをしたんだよ」と言っておりました。何ともズルいやり方ですよね。このタレントビザの厳粛化によって、フィリピーナたちは日本に入国出来なくなり、全盛期には日本全国に二万軒以上もあったフィリピンパブ

日本語が通じる日本人クラブは有り難い存在

タニヤにある日本人クラブ『神楽』の女のコたち。日本人好みの美女揃いだ

が三年ほどの間に五千軒にまで減ってしまったと言われます。

さて、ここからが本題なんですがアメリカ人が常識と捉えているように、世界には**連れ出し出来るナイトクラブ形式の風俗**がごまんとあります。で、その中には日本人向けに特化されたものもあったりします。それが日本人クラブなのですね。

アメリカなどには日本人留学生が相手をしてくれる日本人クラブがありますが、それはかなり特殊な例。日本人クラブの主力である東南アジアなどでは、現地の女のコたちに日本人流の接客術を教えて日本人向けのクラブとして営業しているのです。そして海外にある日本人クラブは、日本と違って接客してくれる女のコたちを気に入れば連れ出す事が出来ちゃうんですね。

メインとなるのはタイとインドネシアです。タイのバンコクにはタニヤと呼ばれる日本人街があり、その一角だけで五十軒を越える日本人クラブがあります。その他、バンコクのスクンビット、日系企業が集まるアユタヤやシーラチャ、ビーチリゾー

カタコトのちょっと舌っ足らずな日本語で「イラッシャイマセ〜」と道ゆく男性に声を掛ける日本人クラブの女のコたち。タニヤでは見慣れた風景

連れ出し出来ない娘もいるので指名は慎重に

タニヤにある日本人クラブ『F 1』の女のコたち。こちらの店では大きめのYシャツが制服になってます

トとして有名なパタヤなどにもあります。インドネシアですと首都ジャカルタの一角にあるブロックM内の日本人街にも二十軒近い日本人クラブがあったりするんですよね。

日本人クラブのメリットは、やはり日本語が通じる所でしょう。タニヤなどでは日本人が経営している店も多いですし、経営者がタイ人の店も日本語の達者なママさんなどを置いて、日本語で料金システムの説明を受けられます。お相手を努めてくれるホステスさんたちの中にも日本語が出来る娘が多いので、**海外で遊び慣れていない方でも安心して遊ぶ事**が出来ます。

店での遊び方は、まず、入店時に料金の確認をして、次に女のコたちの顔見せ。店内での接客しか出来ない娘や連れ出しは出来るがショートしかダメな娘、残りはお泊まりでの連れ出しOKな娘たちとなります。その時、どんな風に遊びたいかで選ぶと良いでしょう。連れ出し可能な娘であっても店内での接客だけして貰う事も可能です。

女のコを選んだら席でイチャイチャしながらカラオケなどが楽しめます。セット時間（一時間程度）が終りそうになるとママさんが「そろそろ時間ですが延長しますか？」と尋ねて来るので、帰るか延長するか決めましょう。帰る場合には連れ出すかどうかもママに伝えて下さい。接客してもらって連れ出さない場合には、女のコにチップを忘れずに。タイなら二〜三百バーツ、インドネシアなら十万ルピア程度が目安です。

日本語が通じると言う事で、現地に駐在する日本人も日本から来たお客さんの接待用として利用しているようです。別に必ず連れ出さなきゃいけない、というワケではありませんので、日本のクラブ的な利用方法もアリです。

料金の方ですが連れ出さないのであれば一人一万円以内、お泊まりで連れ出した場合にはトータルで二万五千円以上って感じですね。東南アジアの風俗にしてはやや高めですが、女のコたちの教育が行き届いているので、泊まりで連れ出したのにショートで帰っちゃった、みたいな事はあまりありませんのでご安心を。

第2位

水着姿のダンサーが挑発しながら踊るエキサイティングな風俗

ゴーゴーバー

世界で**タイとフィリピンにだけある風俗**がゴーゴーバーです。水着姿のダンサーが店内にあるステージでダンスを踊り、お客さんはそれを見ながらドリンクを楽しめるバーとなっています。営業ジャンルとしてはアルコールが提供出来るバーですが、酒を頼まなくても邪険にされる事はないので客の半分近くはソフトドリンクを飲んでいま

ゴーゴーバー街は派手なネオンでテンション上がる

パッポンソイ1の通りの中央には屋台が出ている

水着姿のダンサーたちの迫力
ダンスに妄想は膨らむばかり

す。お酒がまったく飲めない奥岳には有り難いシステムです。ダンサーを観賞するだけでなく気に入った娘がいれば座席に呼んで接客して貰う事も出来ます。その時、**呼んだ女のコにドリンクを奢ってあげるのがルール**となっており、女のコがドリンクを飲み終わるまで専用ホステスとして接客してくれます。ドリンクを飲み終わると独占タイムが終了となってしまうので、更に接客してもらいたい時にはもう一杯奢ってあげます。また、気に入っても他のお客さんを接客中の女のコは指名出来ませんのでご注意を。女のコに接客してもらっていて気に入れば、女のコと交渉して店から連れ出す事も可能です。料金は店のあるエリア毎に相場が変わるので、ウエイトレスなどに大体の相場を聞いておくと交渉もスムーズになります。それからダンサーと書かず女のコと書いているのは、ダンサーの他、ウエイトレスも指名したり連れ出し交渉の対象となるからです。

ゴーゴーバー誕生の裏には米軍の存在が！

　このゴーゴーバーがタイとフィリピンにしか存在しないのには理由があります。**誕生のキッカケがベトナム戦争**にあったからです。ベトナム戦争に送り出された米兵たちは、フィリピンの基地や基地を提供してくれたタイを補給地として活用していました。また、これらの場所は、戦場で戦い疲れた兵たちの休息場所ともなっていたのです。休暇の兵たちや補給基地に勤務する者たちの慰安の場として米兵向けの歓楽街が作られ、そこにアメリカのストリップを真似たゴーゴーバーが作られたのです。バンコクの三大ゴーゴーバー街であるパッポン、ナナプラザ、ソイカウボーイなどもその頃、**米兵向けの歓楽街として整備**されました。今でも当時の名残りが感じられるのはソイカウボーイです。そのものズバリのカウボーイと名付けられた店は今でも営業していますし、

その他、カクタスやロングガンなどカウボーイ時代を彷彿させる店名のゴーゴーがズラリ並び、米兵ウケを狙って水着に皮のロングブーツを履かせ、頭にはテンガロンハット、と言う出で立ちのダンサーを並べる店もあり、そのままタイ語で路地を意味するソイとカウボーイが合体した通りの名前になりました。それから今ではタイとフィリピンだけに残ったゴーゴーバーですが、ベトナム戦争当時にはカンボジアやベトナム、そして意外な場所にもゴーゴーがあったのです。その意外な場所はナント沖縄。キャンプハンセンのゲート前には、沖縄が日本に返還された後もしばらくはゴーゴーバーが営業してたんですよね。

タイのゴーゴーバーは米軍撤退後も残り、フィリピンも長らく基地があった関係でゴーゴーバー街が今も残っているのです。

タイとフィリピンのゴーゴーバー。**基本的なシステムはほぼ一緒で**すが、お国柄の違いからかノリは全く別ものとなっています。どっちにあるゴーゴーが好きなのか、は個人の趣味となりますが、奥岳はゴーゴーに関して言えばフィリピンの方が好きですね。タイのゴーゴーは稼いでやるぞ！と気合いの入ったダンサーが多く、すぐに「連れ出して♥」と言って来て、中々連れ出しの決断をしないでいると「こいつダメだな」と思われ、まだ自分のドリンクを飲んでる途中であるにも関わらず別の客の方へ営業に行ってしまったりします。それに対してフィリピンのゴーゴーで働く女のコたちは、アンヘレスの所でも書いたようにタイプじゃ無い男性の誘いには「生理中だからホテルへ行けないの」と平気で断って来る娘も居たりするほど、連れ出される事は二の次だったりするのです。タイが風俗のプロだとしたらフィリピンの方は素人っぽいんですよね。**確**

煌《きら》びやかなネオンが妖しい世界への入口

実にエッチ出来るのが良いならタイのゴーゴーでしょうが、プロ意識が高い分プライベートな恋愛に発展出来る可能性は低くなります。フィリピンの方は狙った女のコにフラれる可能性がありますが意気投合出来ると本物の恋人同士のような関係に発展しやすかったりします。どちらが自分に合ってるかで、行く場所を選ぶのが正解かもですね。

それからもう一つ、タイで忘れちゃ困るのがオカマ専門のゴーゴー。オマエどこから見てもオカマだろうって感じのコミック系から女性と見分けが付かない性転換した美形オカマまでニューハーフ大国ならではのラインナップが揃っています。そちらに興味のある方は、タイに行きましょうね。

奥岳を海外風俗の虜にしたのがこちら。まったり楽しめます。

タイのビアバー

この順位付けに納得いかない方もいらっしゃるでしょうが、奥岳的には最も楽しい日本にない風俗が**タイにのみ存在するビアバー**です。奥岳は初めて行ったタイのプーケットでこのビアバーにハマり込んでしまったのですよ。

まず、どんな感じのお店かと言いますと道端に面してあるオープンエアーなお店。バーと言えば壁に囲まれた店舗しか思い浮かばないかもですがタイのビアバーには通りと店を隔てる壁がないんです。壁がないので通りからは丸見えだし、店の椅子に座って通りを眺める事も出来ちゃいます。いちおう屋根はあるので雨に濡れる心配はありませんが、風通しがいい事この上ない店なんですね。大概は何軒かのビアバーが集まってビアバー街となっています。店と店の間を歩けるスペースがあり、店はコの字かロの字のカウンターとその周りを囲むカウンター席で構成（スペースがある店はテーブル席もある）。店にはホステス役の女のコが何人かおり、お客さんは店を回って**接客して貰いたいなぁ、と思う女のコのいる店の席に座る**って感じですね。ビアバーがあるのはプーケットやパタヤなどの外国人観光客が集まる場所ですので、女のコは簡単な英語での会話は出来ます。

店に入ってまず自分のドリンクを注文し、それから接客してもらいたい女のコを指名してドリンクを奢ります。女のコはドリンクを飲んでいる間、専用のホステスとなってくれますが、飲み終われば他のお客さんの所へ行ってしまう事も。まだ接

まったり楽しめるのがビアバーの魅力だっ！

客してもらいたいならドリンクを奢り続けるのはゴーゴーと同じ。接客してくれる女のコを気に入れば連れ出し交渉して連れ出す事も可能です。

システムが同じなら水着姿の女のコが接客してくれるゴーゴーの方がいいんじゃね、と思われるかもですが、ゴーゴーは大音量で音楽が流れているので会話するのが大変であるのに対し、ビアバーも音楽が流れている店もありますが音量はそれほど大きくないので、会話がゆっくり楽しめるんですね。それでも会話はお互いにカタコトの英語ですので、名前や年を聞いたり出身地を確認するなど5分もあれば話が尽きてしまうでしょう。そうなると女のコはゲームをやろう、と言って来ますので、日本でも人気となった**ジェンガ**（※注1）や**立体四並べ**（※注2）、それと**サイコロゲーム**（※注3）などで遊びます。

ビアバーは、女のコたちの飲むペースも遅いですし料金もゴーゴーよりも安いので、まったり楽しんでもそれほど高くないのも嬉しいポイントと言えるでしょう。

そうやってゲームを一緒に楽しんでるとイチャイチャ率も高まって来ます。ぶっちゃけ女のコのレベルはゴーゴーよりも劣るかもです

女のコたちの距離が近いのでスグに仲良くなれちゃう。一度遊びに来たお客さんの顔を忘れず半年後に再訪すると「おかえり♥」って言ってくれる

外から丸見えなのに席に座ると落ち着くんですよね。
だからついつい長居しちゃう事もしばしば

が、**一軒に一人か二人は可愛い娘が居たりします**し、女のコたちが風俗慣れしていないのがイイんですよね。

第一章に書いたショートで連れ帰ったらそのまま四日間も居着いちゃった娘もビアバーの女のコですし、自分のバイクの後ろに奥岳を乗せて観光案内に連れて行ってくれた女のコも一人や二人じゃありません。金銭抜きと言ったら言い過ぎかもですが、**損得だけじゃない関係になれる**のがビアバー娘の良い所なんです。またあの娘に会いたいな、と海外へ通い詰める要因になったのもビアバー。もっと女のコとコミュニケーション取りたいとタイ語を習い出したのもビアバー。奥岳にとってビアバーは海外風俗に覚醒させてくれた最高の風俗ジャンルである事は間違いありません。

二十年以上もあちこちの国に足を伸ばして遊んでいてる奥岳ですが、タイへ行

ビアバーにも探せばハッとするような可愛い娘がゴロゴロ。宝探しの要領で徘徊しましょう

けばやっぱりビアバー探して入っちゃうんですよね。でも、一つ困っているのがタイ語が日常会話程度出来てしまうようになって、お店で全然モテなくなっちゃった事ですかね(笑)。サワディーカップ（こんにちわ）とかコンプンカップ（ありがとう）程度なら、タイが好きなんですねで終るけど、ワンニーローンマークナ（今日は暑いね）とか当たり前にタイ語で話すと「オマエ絶対タイに女いるんだろ！」って思われ敬遠されちゃうんですよ。女のコ同士で話す時にも奥岳の前では小声になる、みたいな（爆笑）。だから最近、初めて行く店では英語だけで会話してま～す。どんなにタイが好きになってもタイ語は覚えない方が良いですよ。


【注釈1】ジェンガ／長方形の木片を下の積み上げた所から抜き上に置いていくゲーム。抜き取る木片が多くなるほどバランスが悪くなり、自分の番に崩れたら負け。

【注釈2】立体四並べ／色違いのコインを順番に垂直になった板に入れていち早く4つ並べた方が勝ちと言うゲーム。コインが下から埋まっていくので下にコインが入っていない場所は二段目三段目の列にコインを置く事が出来ない。ここが平面で行なう四目並べよりも難しいポイント。毎日やってる女のコには簡単には勝てない。

【注釈3】サイコロゲーム／サイコロを二つ同時に投げ、出た目の一方か二つの目を足した数のどちらかで1から9までの数字が書かれた板を裏返し、すべて裏返せれば勝ち。目が出づらいのは7、8、9>1、2、3>4、5、6の順となっているので、出た目で出現しずらい板から裏返していくのがポイント。

素朴な女のコたちとの触れ合いに癒されます

モテ遊びの鉄則

お金から始まる恋はホントにあるんです

「風俗＝セックス」。これは殆どの方々に共通する認識だと思います。お金を払ってセックスするから風俗。これは間違いない事実でもあるんですけど、海外で遊んでいると**セックスするだけが海外風俗じゃない**んだよねぇって事が段々分かって来るんですよね。

海外の風俗には日本では滅多に出来ないお泊まりで遊べる風俗が割りとポピュラーな存在だったりします。このお泊まりって言うのが「風俗＝セックス」の構図をブチ壊す大きなポイントになっているんですね。

連れ出す時間にもよりますが、女のコと一緒に過ごせる時間が凄く長いんですよね。遊び始めたばかりの方は「泊まりだとエッチが何回も出来ていいですね」とばかり部屋に籠ってエッチを繰り返す遊び方をしてしまいがちなんですが、あまり**女のコに求め過ぎちゃう**と「もー無理！」とか言われて女のコに**嫌われちゃったり**する。まぁ一晩に一回二回楽しむのはアリですが、お泊まり遊びはそれ以上に無理強いしてエッチしまくる為のモノじゃないんですね。

遊んだ事のない方に説明するのは結構難しかったりするんですが、簡単に言うと女のコとイチャイチャする為のお泊まり遊びだったりするんですよね。外とかだと**疑似恋愛気分**も楽しめます。モチロンお金を払って連れ出してるので女のコの方から気を遣って貰えますが、時間が長いので結構素の自分も出してくれる。そんな所が男から見ると可愛かったりするんですよね。そんな女のコと最終的にはエッチ出来るワケなんですから、イヤでも気分が盛り上がっちゃう。このお泊まり遊

お泊まりで連れ出して遊べば疑似恋愛体験も楽しめます。本気にして突き進むのもアリですね

女のコとコスプレごっこして遊ぶなんていうのも良いかも。女のコの気分をいかに盛り上げるかがポイント

びで海外夜遊びにハマっていく人が非常に多いのです。まぁ奥岳もそんな一人ですね。

遊び方もその日の気分で色々です。一緒に食事に行って女のコに「今晩は何して遊ぶ?」って聞いて女のコがリクエストしたカラオケやディスコで盛り上がるって言うのが一般的ですね。**女のコに楽しんで貰う事で二人の親近感も増していく**。そうすることでエッチの方も他人行儀じゃなくなっていくんですね。で、仲良くなったら「海に泳ぎに行こうか」とかプチ旅行へ行くなんて関係になっていくんですよね。もうここまで来ると風俗で遊んでるって言うよりも普通の恋人みたいなモンですよね。

女のコの方も、こちらが良い人だな、と思えば心を開いて付き合ってくれるようになります。まさに**お金から始まる恋**ですよね。

ビックリされるかも知れませんが、会ってまだ二～三日しか経っていないのに二人で話し合って「結婚する事にしました」って宣言する人だって居るのです。これは驚きしかありませんが、こうしたパターンで**本当に結婚しちゃった人が奥岳の周りには何人もいる**んですよね。

結婚するまでには至らなくても、遊びに行く度に同じ女のコと過ごす人も居るし、女のコに毎月お金を送る約束をして風俗の仕事を辞めさせる人も結構おります。愛人関係ってヤツですね。

海外の風俗で働く女のコたちはお金を稼ぐ為に仕事をしています。モチロン、自分を気入ってくれた男性が生活費を出してくれると言うので仕事を辞める娘もいますし、男性には仕事を辞めると言いお金を送金して貰いながら隠れて風俗の仕事を続けるような女のコもおります。**男と女の騙し合い**と言ったらそれまでですが、そうした女のコたちの動向を読みながら、どんな付き合いをしていったら良いのか経験を繰り返しながら勉強していけば良いんですよね。

皆さんもお金から始まる恋をしてみませんか。

良い人（あるいはカモ!?）と思って貰えると「囲ってくれませんか？」なんてお誘いも。独占したいならソレもありです

第2章—6

余りの恐ろしさに奥岳の足もすくんだ体験とは!?

海外風俗激ヤバランキング

激ヤバランキングを発表する前に最初にお断りしておきたいのが、見た感じ危なそうに見える歓楽街でも、**風俗メインの所では客の安全が守られている**っていう事です。風俗街と言うのは、お客さんに遊びに来て貰わなければ成り立たないモノですから、ちょっと怖そうに見えても案外安全だったりするんですよね。例えば穴場ランキングでもご紹介したフィリピンのアンヘレスでは、ゴーゴーバーの経営者たちがお金を出し合って私設のツーリストポリスを結成。ゴーゴーバー街を深夜まで巡回してトラブル防止に努めております。ですので遊びに来たお客さんたちは安心して深夜まで飲んだくれる事が出来るんですね。また、こうした取り組みをしていない場所でも風俗街の中に居る限りは心配する必要はありません。スマホ時代になって何かあれば誰もが世界に情報を流す事が出来る。あそこの風俗街でこんな酷い目にあったと発信されたら、お客さんが来なくなっちゃいます

治安の悪い場所にあっても風俗街の中に入れば安全。でも、この原則が通用しない場所も世界にはあったりするのです…

からね。**ＳＮＳのお陰でボッタくり店が無くなった場所も少なくない**のです。

風俗街では安心でも気をつけなきゃいけない連中もおります。それはナントお巡りさん。警察官は品行方正、市民の味方なんて言える国は、世界で日本と幾つかの国しかありません。世界にはお巡りさんがカツアゲする国が少なくないんです。

奥岳もお巡りさんたちには結構、痛い目に遭ってます。中央アジアのキルギスでは住宅地で警察官たちに囲まれ「パスポート出せ」と言われ、ホテルに置いてあると言うと「署まで来い」という。で、それがイヤなら金を出せと1万円近く取られちゃった。ジャカルタでも同様のパターンで金を取られそうになったし、ウチのスタッフはパラグアイでカメラをバッグごとお巡りさんに盗まれた事もあります。フィリピン・マニラでは本物の警察官が美人局する被害が続出しているし、ランキングにも出て来る中国の公安も最低な連中です。**お巡りさんに気をつけなきゃいけない**なんてちょっとヤルせない話ですよね。

第3位
年間四万人が事件に巻き込まれる治安の悪さはダテじゃない!?
ブラジル・リオデジャネイロのヴィラミモーザ

どこかに面白い夜遊びエリアはないモノか？アジアンキングを始めて五年ほどすると東アジアから東南アジアに掛けてのエリアでの取材はほぼ一巡。どっか目新しい遊び場はないものか、と探していた時に閃いたのがアジアを飛び出してみることでした。世界は広いし男たちが住む所、夜遊び出来るスポットは必ずある。そうして世界各地

通りをTバック姿の女のコが当たり前のように闊歩する。こんな常識外れの世界がリオにはあった

犯罪都市リオの置屋街に潜入

にある夜遊びスポットを探していくうちに日本の反対側、**南米大陸にはアジア圏にも負けない夜遊びスポットがある**事が分かったのです。中でも南米で最も大きな国ブラジルには数多くの風俗スポットがある事が判明。サンバのリズムに乗って激しく腰を振るブラジル女性たちを見ていれば期待も膨らみますよね。それで取材班をブラジルに派遣する事にしたのです。

サンパウロにリオデジャネイロ。現地に居る日系人の方に案内を頼み取材してしてみると、これが凄いのなんの。お相手をしてくれる女性たちはナイスバディの美人ばかりでベッドの方もこちらが根を上げるほどの激しさ。まさに肉食系女子の宝庫だったのです。

それほどの男性天国なブラジルですがひとつ大きな難点が。それは治安の悪さ。ブラジル全土で年間四万人が凶悪犯罪に巻き込まれるという凄まじさ。世界の治安の悪い街ランキングでは、ベスト五十の内、十七の街をブラジルが占めるって言うんだから、**どんだけ治安悪いんだ**って話です。取材班もこのヤバい雰囲気を察知して近くでも移動はタクシーを使う、一人では出歩かないなどの細心の注意を払い取材を進める事にしたのです。

そして奥岳もブラジルへ。いきなりのリオデジャネイロです。カーニバルで有名なリオは外国人観光客にも人気の街ですが、治安の方もすこぶる悪い。ガイド役を買って出てくれた日系人のＭさんは「世界的に有名なコパカパーナやイパネマ海岸も結構危なかったりするんですよね。通りから波内際まで何百メートルも奥行きがあって、場所によっては起伏が激しいんですね。で、こっちの方は人が居ないね、と砂浜がうねっている所にいくとイキナリ男たちに囲まれホールドアップ、みたいな事がちょくちょくあるんですよ」って。Ｍさん**そんな恐ろしい話ニコニコしながら喋らないで下さ～い**ですよ（笑）。

そんな奥岳を脅かしつつＭさんが連れて来てくれたのはコパカパーナビーチ近くにあるリド広場。ここにはタイにあるビアバーみたいな飲み屋が並び女性客も結構居たりします。でも彼女たち客と思いきや男性客を捕まえる為にやって来た援交ギャルたちだったりするのですね。フレンドリーに話し掛けて来る彼女たちの誘惑をかい潜りつつタイプの女のコをゲットして奥岳はホテルへお持ち帰

薄暗い通りに人が固まっている場所がヤバかったりするんですね。
緊張しまくりでイヤな汗が噴き出て来ます

ブラジルのお姉さんたちは美人ばかりで
エッチもノリノリ。一度ハマってしまう
と中毒になっちゃうかも

り。**初めてのブラジル娘との乱取り**をする事になったのです。

翌朝、ホテルのレストランで女のコと少し遅目の朝食を摂る奥岳。目線は泳ぎまくりでボーッとしちゃってます。ホント激しい！ あんな夜を過ごしたのは生まれて初めてです。こりゃハマるハズですよね。彼女と分かれて二度寝し、午後は迎えに来てくれたMさんとカーサ(※注1)巡り。昨晩見た女のコたちよりも少しだけ年齢層はあがりますが、サービスの方は置屋にしては丁重そのモノで大満足の激射でした。

そしてその晩はMさんがどうしても案内したいと言うヴィラミモーザに出撃です。

ここまで自家用車で案内してくれたMさんはク

ルマを奥岳のホテルへ置き、タクシーで出発。何でクルマ置いてくの？　と奥岳が質問すると、Ｍさんは一瞬の沈黙の後「駐車する所がないんだよね…路駐すると盗まれちゃうからさぁ」。え～っそんな危ない所行くの!?　オレ聞いてねぇよ～。

　で、少し走るとタクシーは何もないただの道端に停車。Ｍさんと運ちゃんは何か言い合いしてますが「チッ」と言い残しながらＭさんはクルマを降りる。続いて降りると「運ちゃんがここから先は行きたくないから降りてくれって。後ワンブロックなので歩きましょう。僕から絶対離れないように付いて来て下さい」。いつもは軽い口調のＭさんがニコリともせず言うって事は、**相当ヤバい所に来ちゃった**みたいです。忠告通り奥岳はＭさんに張り付くようにして道を進みます。

　なんて言ったら良いんでしょうか。二車線ほどの通りなのにガランとしてて人気もない。Ｍさん曰くこうした通りが一番ヤバいんだとか。ゆっくり歩いてもダメで走るのもダメ、少し早歩きで前の物陰に人が待ち伏せしていないかどうか、注意深く進むしかないんだそうです。スゲェ緊張しますよね。そうして進んで行くと、少し先から音楽が流れて来て、通りを歩く人々の影も見えて来ました。何とか無事にヴィラミモーザに辿り着いたようです。タクシー降りてここまで十分ほどでしたが、三十分以上にも思える長さです。

　通りの両側に飲み屋のような店がチラホラ出て来てノリの良い曲が流れて来ます。

「ここから先にある店はリド広場にあるのと同じような援交バーで、**気に入った女のコがいれば連れ帰る事も出来る**し店の奥にはプレイ用の部屋もありますよ。もし遊ぶならここで済ませちゃった方が良いかもですね」。ここはＭさんの指示に従った方が良さそうです。

　ようやく町並みを観察出来る心の余裕が出て来て店にいる女のコたちを物色し始めると…中々可愛い娘も少なくない。店の席で女のコたちと飲んでるオジさんたち。危ない雰囲気なヤツもおりますが、ここは風俗街の鉄則にあるように客として遊んでいる分には危険はなさそうです。そんな事を考えていたらイキナリ横を通り過ぎる人影が。今の女…は、裸じゃなかった⁉　急いで見直すと残念ながらマッパじゃなかったですが下に履いてるのはTバック、ブラもおっぱいの先がギリギリで隠れるようなマイクロビキニ。そんな女のコが当たり前のように通りを歩いてるんです！　こんなクレージーな街が実在するなんて目の前で見てても信じられませ〜ん。

奥岳はしっかりマイクロビキニちゃんと遊び、後は帰るだけ。店のオヤジにホテルまで送って貰い、無事、激ヤバスポットから生還です。

翌日、ホテルへやって来たMさんが手にしてるのは地元の新聞。「これ見て下さい。昨日、ミモーザ近くで**マフィア同士の抗争事件**があって二人死んだそうですよ。**巻き込まれないで良かった**ですね」だって。ひぇぇぇ〜。

【注釈1】カーサ／スペイン＆ポルトガル圏ではオーソドックスな住宅タイプの置屋。ある場所も普通の住宅街にあり、場所を知ってる人に案内されなきゃ絶対辿り着けない風俗です。中に入りリビングに座っていると、女のコたちが顔見せに一人ずつ出て来るのですが、近くまで来たら必ずホッペにチュッとキスしてくれるんですよ。素晴らしいアイディアですね

第2位

中国はホントこれがあるからイヤ！ 奥岳の部屋に公安が踏み込んでキターっ

中国・河口のホテル

奥岳は**どうも中国と相性悪い**みたいです。深圳ではバッグからケータイ電話盗まれるし、東莞のディスコではズボンの後ろポケットに入れておいた買ったばかりのコンパクトカメラを盗まれた。ジュース買えば釣り銭誤摩化されるし、ホント中国ではロクな目に遭わないんですよね。

でも、中国には探せば下川島みたいな**穴場がゴロゴロ**あって風俗好きにはたまらない国でもあるんですね。そんな中国で下川島に続いて発見した

陸路の国境越えは旅の醍醐味でもあります

こちらのアーチが中国側入境口のシンボルとなっています。遠路はるばる来たなって感じですね

のが、中越国境にある河口と言う街。ここにはナント、ショッピングモールに併設された置屋街があると言うのです。ただ、この中越国境って言うのが遠い遠い。中国の主要都市から行こうとすれば飛行機とバスを乗り継いで二十四時間以上も掛かってしまう秘境。そこで中国からのアプローチをあきらめて、ベトナム・ハノイから鉄道に乗って河口の対岸にあるラオカイまで向かいます。約七時間掛かるので**夜行列車で行くのがベスト**。日本を出た翌朝には到着するので身体は楽ですね。奥岳もこのベトナムルートでラオカイ入りです。

朝七時前にラオカイに到着して、折角なので半日ツアーを利用して山岳部にある少数民族村を観光です。で、午後三時過ぎに国境越えです。でも後から分かった事なのですが、これは最悪の選択だった。と言うのもこの時間帯はハノイから到着する列車がないので、入出国口には越境者が誰も

河口のショッピングモール置屋二カ所に五十軒近い置屋があります

いな〜い。知らない人は空いてて良かったじゃんと思うかもですが、そうではなく中国の入境口にはヒマを持て余した中国の係官たちが。そこに滅多に訪れない憎っくき日本人が来たもんだから、よってたかっての取り調べ。混んでる時には二〜三分で終る入国審査が小一時間。スーツケースは全開で中に入れていたポケットティッシュまで確認される始末。詰問調で「何の目的で来た」「ホテルはどこに泊まるのか」などと質問攻め。カメラに入れていたSDカードを再生して見せろ！　とまで言われ、まるで犯罪者扱いです。

中国の入境口にいる奴らって、ここに限らず感じ悪いヤツばっかなんですよね。珠海では二回も別室に連れて行かれたし、上海空港の係員も横柄で最低なヤツでした。これだったらラオカイに到着してそのまま入境しとけば良かったです。そんなにチェックされても取材前だったのでヤバい写真も無かったし、何も問題があるワケじゃないので何とか河口に入る事が出来ました。

入境口に近いホテルにウォークインでチェックインし、早速、**置屋探検**です。目指すは河口金明辺貿易所と中越阻光辺貿商場の、二つのショッピングビル。中へ入ると食材や雑貨品が並ぶ店が並びます。建物の中央は上までの吹き抜けとなっており、その周りにもお店があるような作り。奥まった所にある階段を上がって二階へ行くと吹き抜けを囲むように通路があり、壁側には店が並んでいます。でも、ちょっと様子がヘン。店の入口には若い女のコたちが座っていて中からは色街でお馴染みの赤い光りが漏れてるじゃないですか。そう、二階よりも上のフロアはすべて置屋となっているんですね。

店の前に行くと女のコたちがニッコリ微笑み「遊んでかない?」と声を掛けて来ます。で「幾ら?」と聞くと「百元（約千六百円よ）」と答える。先発隊としてここを訪れたカメラマンのメモによると六十元からあるそうなので、**値切ればマケてくれそう**です。置屋フロアをクルクル回り、取り敢えず可愛い女のコが居たので八十元に値切って店の奥のヤリ部屋へ突入です。

「なんじゃココは!」。前もってカメラマンから聞いていましたが天井が真っすぐ立てないほど低いんですよ。しかも広さは畳一帖程度の狭さ。こんな狭い所でエッチするのはちょっと窮屈ですよね。それでも郷に入れば郷に従え。頑張って腰を振るしかありません。何とか頑張り、もう一軒の置屋ショッピングモールを探索してホテルへ戻り早寝。夜行列車では満足に寝てなかったからバタンキューです。翌日も街を探索して置屋へ。あの狭い部屋でやるのはヤだな、と思いながら店の女のコを冷やかしてると三回分のお金を払えばホテルへ連れ帰る事が判明。またタイプな娘が居たので百八十元払ってホテルへ連れ帰りました。店のオヤジに**連れ出せる時間は一時間半**と聞いていましたが、ホテルに来た女のコは広いベッドが気に入ったみたいで中々帰ろうとしません。こっちとしては望む所なんですけどね。で、ゆっくり遊んだ後、送り方々一緒に食堂に入って晩飯を食べ、チップを渡してバイバイです。部屋に戻ってまた今日も早寝す

階上から吹き抜けの下を見ると一階がショッピングモールになっているのが見て取れます。凄いロケーションですね

奥岳の部屋に公安がいきなり踏み込んで来た！

るかな、とウトウトしていると猛烈な勢いで部屋のドアがノックされました。

生活の場に置屋が共存する不思議な風景。中国は日本人にとってカルチャーショックの連続です

エッなになに、と狼狽していると、今度は鍵を開ける音が。そしてドアが開くと、水色の制服を来た男たちが三人も部屋に雪崩れ込んで来たのです。

彼らは**泣く子も黙る公安**。日本だったらホテルの部屋はプライベートスペースなので令状がないと踏み込む事は出来ませんが、公安には関係無し。捜査対象となれば人権など関係なくこうして踏み込んで来るんです。公安の一人は訛の酷い英語で「女を連れ込んだだろう」と威圧的に言って来ます。「いや、見ての通りオレ一人だよ」。あぁ女のコ帰しておいて良かったぁ～です。さしもの公安も女のコと一緒にいる現場を押えられなきゃ奥岳を逮捕する事は出来ません。入管でやられたのと同じようにスーツケースをひっくり返されカメラのSDカードも念入りにチェック。でも、女のコの写真などは一切ありません。中身は河口の街を撮ったものだけ。実は女のコの写真撮らせてもらっていたのですが、女のコと分かれてホテルへ戻るとスグにメモリーをコピーして鍵のキーホルダーにしか見えないUSBメモリーに移しておいたのです。

公安の連中は二時間近く家捜ししてましたが何も出て来ないので捨てセリフを吐いて出て行きました。部屋の鍵を閉め終ると奥岳の足は急に震え出し止まらなくなりました。公安に捕まるとアウトだよ、と脅された事が本当に自分の身に降り掛かった。何でもない、って顔してたけど相当ビビッてたんですね。

後になって冷静に考えると、どうやら入境口の奴らが公安に通報して奥岳は**マークされていた**ようなのです。で、ホテルに女のコを連れ込んだので踏み込んで来たって事だったようです。最初の予定では後三日ほど滞在するつもりでしたが、翌日、ベトナム側に戻ったのは言うまでもありません。この出来事は奥岳が体験した中で**最大の激ヤバ体験であった**のは間違いありません。

※２０１９年になってからの事ですが、ベトナムの入出国規定が変わり、ベトナムから一度第三国へ出国した場合には再びベトナムに再入国するのが難しくなりました。ですのでベトナムのラオカイから中国へ行き再びラオカイへ戻る場合には少し面倒な手続きとなっています。どうしたら良いのか日本にあるベトナム大使館で確認の上、お出掛け下さい。

置屋で遊んだ女のコ。ベトナムからの出稼ぎで年は19歳。こんな美人がいるんです！

フィリピン・アンヘレス 幻の置屋『蟻の巣』で恐怖体験

画／尾上龍太郎

フィリピン——
ルソン島のアンヘレス
その町外れにある
クロージンク地区
ゴーストタウンのような
人気ない通りを歩いて
いくと…
見るからにヤバそうな
男たちが立っている
バババーン

蟻の巣で遊びたいんだけど…
恐る恐る声を掛けると
ニコッ
ＯＫ
ついてきな
男が照らす懐中電灯の明かりを頼りに狭くて暗い迷路のような路地を進む
抜けた先の広場に置屋
最初に出て来たのはどう見てもおばちゃん……これはパスでしょ
何軒か見て回ってもおばちゃんばかりでパスし続けました
KING OF POP
次の店ね
すると
言っとくけどここは冷やかし厳禁だからな
どっかで遊ばないとここから出れないよ
ゾゾッ
オ…ＯＫ

遊ばなければ帰れない
奥岳は意を決して1人のおばちゃんとヤリ部屋へ
用意するからちょっと待ってて
おばちゃんを待っている時部屋のポスターの隅が剥がれているのが目に入り…
AIRLINES
付くかな…
すると！
カサササササ
ポスターの下から特大サイズのゴキブリが7、8匹飛び出してきた
ひぇ～こんなところでエッチするのムリ～
恐る恐るおばちゃんとプレイ開始
スコ
スコ
ゴキブリが襲い掛かってきたらどうしよ～

ゴキブリが気になりプレイに集中出来ませ～ん
ひやひや
うっイクッ
ここはウソイキで脱出するっきゃない
いやぁ気持ちよかったよ…ありがとうね
イッたフリしてゴムを外しゴミ箱へポイあぁこれで帰れる
ポイッ
ちょっとアンタイッてないじゃん
ウソイキがバレて…
え、あ、いや…その…
イクまで帰さないわよ
そう言い終わるとおばちゃんはゴム無しナマで責めてきたのです
ゴキブリ怖いよ～
ズン
人生最悪のセックス体験（泣）
病気怖いよ～
コレならイケるでしょ
ズン
料金は200ペソ（日本円で450円）激安だけどオススメは…出来ないですね（爆笑）

一度入ったら遊ぶまで出られない恐怖の置屋街
フィリピン・アンヘレス蟻の巣

第二位の中国の話がヘビーだったので、第一位には敢えてお笑いネタをぶち込みました（笑）。

でも、この「蟻の巣」って凄いでしょ。アンヘレスのスラム街にある置屋街で、外からの通路は激狭でクネクネ折り曲がって迷路のようになっているんですね。で、その路地の途中で開けた場所に出てそこに置屋がある。その置屋に良い娘が居なければまた別の通路を抜けて同じように開けた場所の置屋。この広場と通路が入り組んでる感じっ

決死の覚悟で撮った「蟻の巣」の置屋内部。女のコの数は３～４人程度。選択肢の幅は非常に狭い

て「蟻の巣」そのまんま。何ともオシャレなネーミング（爆笑）ですね。これで置屋にいる女のコが可愛きゃ言う事無しなんですが…どこの置屋も相撲部屋。とてもぶつかり稽古したくないレベルだったりするんです。そしてヤリ部屋には奥岳の天敵ゴキちゃんだらけ。ここでオシリ出さなきゃ案内役のマフィアに怒られちゃう。前門の関取おババ＆ゴキちゃん、後門にはコワモテのマフィアちゃんという逃げ道なしの状況。そこでイッたフリ作戦で早めに切り上げようとしたら、それがアダとなり関取おババに怒られナマでするハメに（泣）。奥岳にとっては人生で最もトホホなエッチとなったのでありました。

日本へ戻ってから真っ先に駆け込んだのは保健所です。これまで海外で一度もシモの病気にかかった事のない奥岳でしたが、今回ばかりはヤバいっしょ、とエイズ検査です。で、更に三ヶ月後にもう一度、検査をやって陰性となり、ようやく事なきをえたのでありました。メデタシメデタシ。

店によってはソコソコ若い女のコもいるみたいですが、奥岳たちが行った時には40前後のオバちゃんしか居りませんでした

王様が海外へ遊びに行った時に守っている事とは

海外風俗では、日本では考えられない状況に直面する事があります。そんな時にも焦らず対処出来るよう奥岳は**三つのルール**を決めています。このルールを他の皆さんに押し付けるつもりはありませんが、自分でこうしたルールを決めておかないと逮捕されたり何らかのトラブルに巻き込まれる事もあり得ますので、ご参考にして頂ければ幸いですね。

ルールの一つ目は、**女のコたちを騙し、無理矢理連れて来て働かせているようなお店やエリアでは絶対に遊ばない事**。最近かなり少なくなっては来ていますが、それでもエリアや風俗ジャンルによっては性風俗で働く意志がない女のコを無理矢理働かせている所もあるんですね。アフリカや南アジアに多く、東南アジアですとカンボジア、ベトナム、そして中国などにあったりします。田舎の農村部に女衒がやって来て「外国だけど娘さんにイイ働き口がありますよ。中国で結婚しませんか」と甘言で連れ

出し、国外へ出たらパスポートを取り上げ風俗店に住み込みで監視して働かせる、と言う手口です。また、一部の中国人ブローカーはベトナムで女性を拉致してそのまま中国に連れ帰り、売春宿で働かせるなどの荒っぽい手口を未だに使っているケースもあります。

奥岳は、自分の意志で風俗で頑張って働こう、と思って風俗の仕事に就いている女性たちとは遊ばせて貰いますが、無理矢理は犯罪行為ですので絶対遊ばないですし、一日も早くそうした女性たちが救出され、そうした非道な経営者たちが淘汰される事を願っています。でも、そんなケースを見抜けるの⁉ と思われるかもですが、こちらも長年、海外の風俗で遊んでいるので雰囲気などで分かるんですよね。

一度、カンボジアの某所にある置屋街で女のコと一緒に部屋に入ると、女のコの言動が

カンボジア・シェムリアップの置屋娘。友達の紹介で自ら働きに。明るいキャラで短いプレイでも楽しませてくれました

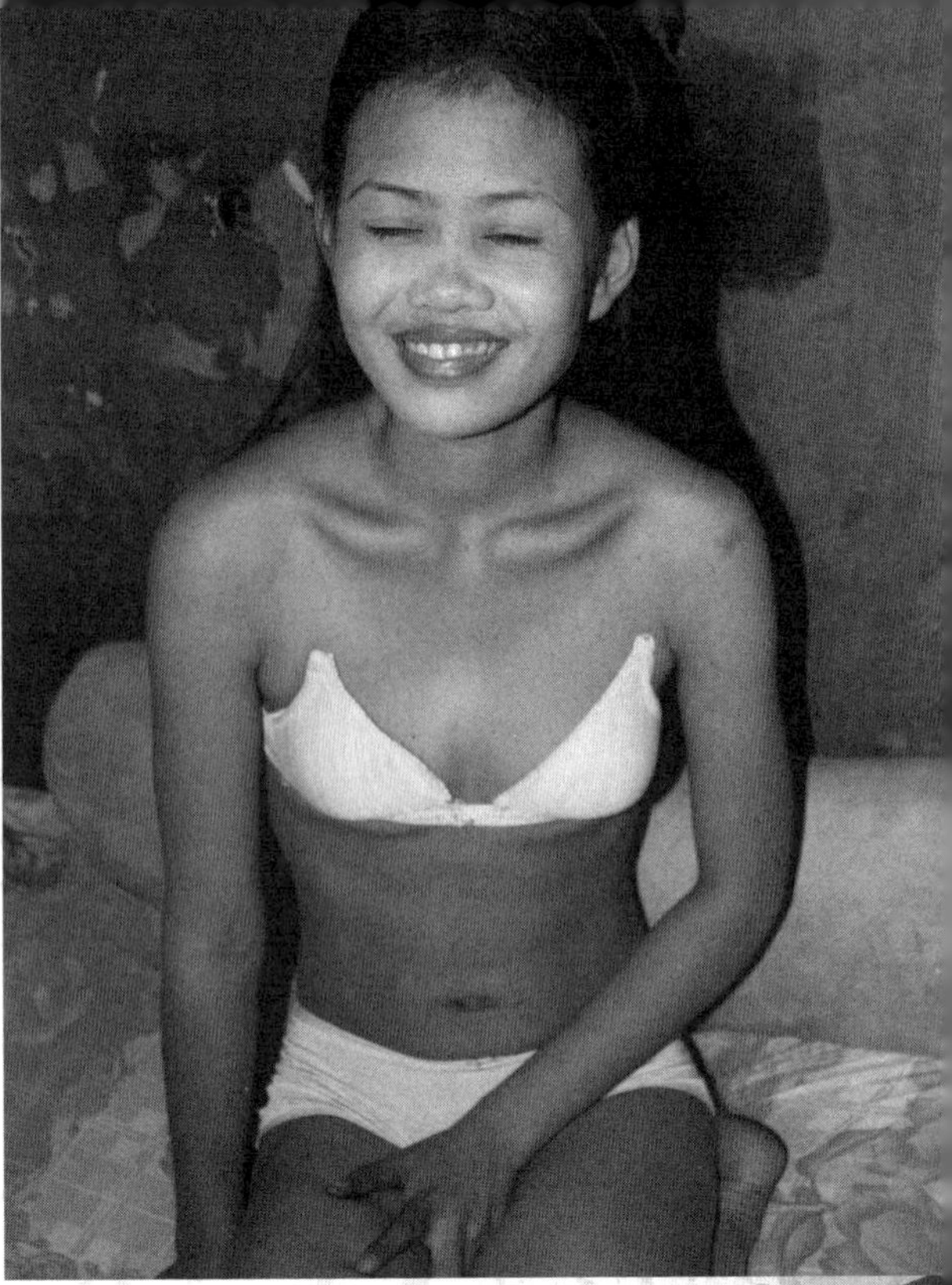

カンボジア・ポイペットの置屋娘。国境の置屋なので結構稼げるの、と終始ニコニコしてました

どうもおかしい。そこで近づいて観察すると身体のあちこちに折檻された跡があり、更には両腕に無数の自傷（リストカット）の跡まであった。これは間違いないなと思い、女のコとしばらく一緒に部屋にいて出身地だけを聞いて（壁の薄い置屋では詳しく話すのはマズい）何もせずに店を出ました。で、ここからが難しい所なんですが、手っ取り早いのは地元にある警察署に行って事情を話し、摘発してもらう事なんですが、結構堂々と営業している置屋街なので、地元の警察署もグルである可能性が捨てきれません。そこで奥岳は帰国後日本のあるNPO団体に連絡を入れ、国際警察ルートで彼女たちを救出して貰えるよう要請したのです。結果が分かったのは半年以上経ってからでした。奥岳が告発した置屋街に手入れが入り、無事、騙されて働かされていた女性たちが開放され帰国したとの報告を頂いたのです。その中に奥岳が出会った女性が含まれていたのかまでは分かりませんがホッと出来たのは事実でした。遊ぶにしてもこうした人道的なモラルだけは持っていたいものです。

二番目のルールは、**未成年女性とは絶対に遊ばない**事です。こちらも最近少なくなってきていますが、海外で遊んでいるとそうした未成年女性に出喰わす事があるんですよね。元々奥岳はロリコン趣味があるワケではないので「遊びたいな」と思った事はありませんが、モラル的にもヤバいですし知らずに遊んだとしても発覚すれば逮捕の対象となってしまうので、見た目に若過ぎる娘とは遊ばないようにしております。でも、東南アジアの女のコたちは実際よりも見た目が若く見える女のコが多いので、結構困るんですよね（苦笑）。ですので見方によっては未成年に見えなくもない女のコと遊ぶ時には、必ず写真付きの身分証明書を見せて貰って年を確認するようにしています。タイなどのホテルでは女のコを部屋に招き入れる時にセキュリティーにIDカードを預ける決まりになってますのでまぁ安心ではあるんですが、時々仕事する為にお姉ちゃんのIDカードを持ってる娘も居たりするので、必ず自分の目で確認するようにしています。念には念を入れてですね。海外で遊ぶつもりがある皆さんも、これは真似して貰った方が良いかもですね。

　そして最後のルールなりますが、奥岳は**女のコの嫌がる事はしない**ようにしています。エッチの最中に甘い声で「イヤッイヤ～ん」って言うのは無視しますけどね（爆笑）。

　これは人それぞれの考え方の違いだったりするんでしょうが、奥岳は日本海外関わらずこっちも女のコもハッピーハッピーみたいな付き合い方をしたいんですよね。

　世の中には一般の女性と風俗で働く女のコを別物みたいに考えてる人もおりま

ポイペットからシェムリアップに向かう途中にある置屋街。東南アジアでは鉄道沿いに置屋が集まるスポットが結構多かったりするんですよね

ローカル置屋は目立った場所にないので探索する時にはバイタクに案内して貰う。真っ暗な未舗装路の奥に妖しい明かりが溢れてくれば到着、このディープさが醍醐味なんですね

すが、風俗嬢だって同じ人間。であるなら楽しい気分になってベッドインしてもらった方が何倍も楽しいですよね。特に海外で遊ぶ時には一緒にいる時間が長いので女のコたちも素の表情をみせてくれます。そんな女のコたちに対して「君たちは風俗嬢でしょ」みたいに思って接しているとテンション駄々下がりになってしまうんですね。だから奥岳は常に全力で女のコのゴキゲンを取る。少しでもイヤそうな素振りをみせれば理由を聞いてあげたり、イヤがる事は絶対にしないようにしているのです。

ちょっと極端な話になっちゃいますが、例えばエッチするつもりでホテルに連れ帰ったのに部屋に入った途端、無口になってベッドインを嫌がるような素振りを見せる娘もいたりするワケです。そんな時には「どうしたの!?」って聞いてあげる。で、エッチするのがイヤなんだな、って事が分かったら「じゃ帰っても良いよ」って優しく言ってあげる。中には本当にそのまま帰っちゃう娘もいたりしますが、気丈に「大丈夫」って言ってベッドへ入って来る娘もいるんですね。そんな娘だった場合には、横に添い寝して彼女の気持ちが落ち着くまで静かに待ってあげるんですね。すると彼女の方から抱き着いてくる事もあれば、そのまま添い寝だけで終っちゃう事もある。お金払ってエッチする為に連れ帰ってるのにそんなバカな話あるかい、ではありますが、そのまま無理矢理押し倒しても楽しいエッチにはならないワケで、それであるなら何もしなくてもイイじゃん、と奥岳は思うワケなんですよ。今回はエッチの為じゃなく一緒に過ごす為にお金払ったんだと。女のコに対して常にそんな気持ちで接していると、女のコの方もこちらの優しさが伝わり素の表情を見せてくれるようになるんですよね。

これが奥岳の海外で遊ぶ三つのルール。是非、皆さんもこうした自分なりのルールを作って楽しい時間を過ごして下さいね

第3章

国別ココがすごいよランキング

◎遊びやすい国はどこ？
◎美人が多い国はどこ？
◎エッチな女のコと遭遇出来る国は？

海外夜遊びの**王様ランキング!!**

お題に合った国をランキングでご紹介！意外な国も浮上するかも

読者の方からの質問で奥岳が一番困るのは「どこの国が面白いですかね?」と言うもの。海外で夜遊びするのは楽しそうだけどどこへ遊びに行ったらいいのか分からない。そこでああした質問になるんでしょうが、奥岳としては質問された方がどんな遊び方をしたいのか分からないので、答えようがないんですよね。ですので「どこが面白いの?」と聞かれたら「アナタは海外でどんな遊びをしてみたいと思ってるんですか?」と尋ね返しその戻って来た答えにあった国や場所、そして遊びのジャンルなどをご提案するようにしてるんですよね。海外で遊んだ事のない方は奥岳に「何を求めてるんですか?」と聞かれてもスグに「これ!」と言う答えが出せなかったりします。なので「日本語でやり取りしたい」「安く遊びたい」「女のコとお泊まりしてみたいですか」などと具体的な質問をいくつかぶつけてみて、どんな遊びをしたいと思っているか分析。アドバスして上げるんですね。奥岳って親切~(笑)。

さてこの第三章は、遊びに行く場所を決めるのに参考となる国別ランキングとなりますが、質問のやり取りでも分かるように、ただ国だけ並べて紹介しても意味がありません。そこでお題をいくつか用意して、そのお題を満たす国をランキングで紹介していこう、と言うものです。皆さんが気になるお題で、どこの国が上位となるのか? 予想しながら読んでみて下さいね。

リゾートなのに風俗盛り沢山なタイ・パタヤ。夜中でも安心して歓楽街を歩き回る事が出来る。写真はビアバーが集まるエリア

第3章―1

国別遊びやすさランキング

THE PLAYNG

治安の良さ・明朗会計・遊べる風俗ジャンルの多さ・日本語が通じやすいかどうかの四項目で選出

第5位 オーストラリア

風俗店が株式に上場!? 意外に知られていませんがオーストラリア風俗は政府公認です

オーストラリで風俗遊び出来るって知らない人が多いようですね。まぁ観光案内に書いているワケでもないし、知ってる人は知っているみたいな存在だったりするワケですが、日本での知名度は殆どありません。

更にビックリしちゃうのが**オーストラリアでは風俗営業が合法化されており**、株式を上場してるチェーン店まであったりするのです。下ネタ系なのでマスコミが取り上げないって言うのもありますが、こんな身近な所にこんな国があったなんてビックリですよね。

風俗ジャンルはストリップやマッサージパーラーなどで、ネットでググればどの都市にどんなお店があるのか一発で検索出来ます。上場企業ですからね(笑)、店紹介のホームページなどしっかり作られているんですよね。ただ、風俗店が集まる歓楽街みたいなものはないので、遊びに行く時にはネットで所

アジアの中にあるヨーロッパといわれるオーストラリア。キャンベラ、シドニーなどの大都市は町並みも整備され、とても風俗があるようには見えない

オーストラリアの洗練された町並み

在地を調べてタクシーで行く事になります。

ご存じない方も多いと思うので最もポピュラーなマッサージパーラーでの遊び方をご紹介。

タクシーで店の前に乗り付け入店。受付でプレイ時間や料金の確認をしてリビングルームで待機中の女のコ全員との顔見せを行ないます。ここで女のコたちは一人一人挨拶しながら基本料金内で出来る事出来ない事を伝えてくれます。こんなプレイをしたいと言う要望がある時には確認。女のコによっては追加料金で応えてくれる事もあります。ここまでのやり取りはすべて英語になりますので、多少の語学力がないと交渉が大変かも知れません。女のコたちとの顔見せが終ったら相手を選んでプレイルームでお楽しみとなります。マッサージパーラーと言えばタイではソープランドのような風俗を指しますが、オーストラリアの場合にはプレイルームがホテルの部屋タイプなので**ソープと言うよりも高級置屋**って言う感じですね。

オーストラリアは皆さんご存知のように治安も悪くない国ですので遊びに行きやすい環境と言え風俗が合法なのも高ポイント。でも、英語力が必要な所で少しハードルが上がる感じですね。

第4位
インドネシア

遊べる風俗ジャンルの数では劣りますが治安の良さと明朗会計な所は海外夜遊びが初めての人にも安心

日本ではインドネシアで風俗遊び出来るっていう知名度は殆どありませんが、治安が良くて明朗会計である事は心強いポイントです。

治安の良さはイスラムの国だからと言えます。イスラム教は日本人に馴染みがあまりありませんが、戒律が厳しくてラマダン（断食）を守るなど、自らを律する事が出来る人々が多いって事でもあります。その反面、他宗教の人々を敵視するみたいなイメージを持たれていますが、インドネシアの場合には国民の20％、約五千万が他宗教であると言う事もあって、他宗教の人々にも寛容だったりするんですよね。そして**何より親日なお国柄。**インドネシアに行って日本人が邪険にされるような心配はありません。ただ注意して欲しいのが政治デモが多い事と過激イスラム派（ごく少数です）が暴発的にテロを行なう事があるんです。政治デモの場合には参加者たちが結構熱くなっているのでデモ行進してる所に興味本位に近づかないようにしましょう。テロはそれほど多くないので神経質になる必要はありませんが、起こった

インドネシアは治安も良く親日な国民性なので日本人は快適に過ごす事が出来ます。女のコも可愛いタイプが多いですよ

店によっては女のコをホテルへ連れ帰る事も出来ます。まるで本物の恋人同士のように接してくれるのでハマる人も少なくありません

場合には発生現場などには近づかないようにして下さい。

明朗会計ですが、ジャカルタにあるナイトクラブではサウナのように入口で番号札を受け取り店内ではお金を払わず、店を出る時に一括清算するシステムが導入されています。ですので、女のコを選ぶ時にママさんが初めて遊びに来た料金を知らない客だから上乗せして取ってやれ、みたいなボッタくり行為が出来ないようになっているんですね。これはホント助かります。

インドネシアは物価も安いので安く遊べるのも魅力的であると言えます。奥岳的にもオススメ度の高い国ですよ。

第3位 ドイツ

EUの主要国ドイツは風俗でも欧州をリードする合法化で女性たちの権利も守っている

ある国の皆さんは「日本はドイツを見習え」と言いますが、奥岳もこの点だけはドイツを見習ってもらいたい！　それは**風俗を合法化する**って事です（爆笑）。これもご存知ない方が多いんですがドイツでは風俗が合法化されているんですよね。風俗を非合法化していると業者と働く女性たちが

知られていないがドイツは風俗合法だった

地下に潜り、女性たちが危険な状況に陥ってしまう。ならは合法化して働く女性たちの権利を守った方が良い、って発想です。この考え方は欧州ではポピュラーで、一部の国を除いて風俗は合法化されているんですよね。で、特にドイツでは整備が進んでいて堂々と営業する店が国内各地にあります。これらの店はＦＫＫと呼ばれており、形態としてはマカオにあるエロサウナと同じ。サッパリして休息スペースにいると女のコたちがやって来て気に入れば個室プレイ出来ると言うモノ。地元ドイツの女のコを始め東欧、南欧、店によってはアフリカから来た女のコまで、**バラエティ満点なラインナップも魅力**。ただ一つ難点となるのが人気店の多くは街の中心部でなく郊外にあるので店までのアクセスが旅行者には難題。タクシーで行くとそれだけで二万円以上ふっ飛ぶ事も。個人で回ると言うよりＦＫＫを回る専門のツアーがあるので、ネットで検索して参加するのが良いでしょう。あと、ドイツで遊ぶ時の注意点としては欧州では下の毛を処理していないとサービスを拒否する女のコも少なくないので、**剃毛をしっかりしなきゃダメ**。それも前とサイドだけじゃなくお尻の方もです（爆笑）。これを拒絶するとお宝を目の前に指を咥えるしかないのでご注意を。

地元ドイツの娘に加え、東欧、南欧からの出稼ぎ組みも多い。彼女はチェコから働きに来た

マカオは許可店なら風俗も合法。アジアを中心に世界各国から女のコたちが集まって来る。ネックは値段が日本並みに高い事かも知れません

第2位 マカオ

遊べる風俗ジャンルこそ少なくなって来ていますが治安の良さに加え、風俗が公認されているので安心して遊べます

第二位はマカオですね。日本からのアクセスも良く、観光で食ってるエリアなので**治安の良さも保証付き**。夜一人でウロウロしてても何の心配もありません。そして夜遊びファンにとって何より有り難いのが風俗が公認されている所。政府公認の許可店制度があるので、エッチしてる所に警察官が踏み込んで来て恥ずかしい姿のまま御用になる心配もありません。なので社会的地位のある人がお忍びで遊びに来るってケースも結構あったり

するんですよね。

そんな良い事尽くめのマカオで**唯一の難点となるのが値段の高さ**でしょう。当たり前に日本並みの料金を取られてしまいます。一回だけ遊ぶならまだしも、旅行中毎晩遊ぶとなればそれ相当の軍資金を持っていかなきゃなりません。更に町中を埋め尽くすカジノの誘惑もギャンブル好きには困った要素。カジノで当ててそれで風俗で豪華に遊ぶぞ、みたいな皮算用してるとトンデモない事になっちゃいます。奥岳の仲間も最初の晩にカジノでケツの毛まで抜かれ、マカオ滞在中はホテルの部屋に閉じ篭ってた、なんて笑い話も（失笑）。どうせ誘惑に負けるなら美人の方が良いって思うのは奥岳だけでしょうか。

マカオで遊ぶ時には予算を多目にしよう

第1位

タイランド

海外風俗遊びでタイを避けては通れません。安心して立ち回れるジャンルの豊富さ、治安の良さ、そして日本語の通じる店もある！

遊びやすさから見たらタイが間違いなく世界でナンバーワンでしょう。世界中からタイの風俗で遊ぼうと野郎どもが集まって来るんですからね。もし「初めて海外で風俗遊びしたいんだけどどこがいいの？」って聞かれたら迷わず「タイに行っとけ」って奥岳は言うでしょうね。

世界中から美女の微笑みを求め男たちが殺到

タイの魅力を話し出したらそれこそそれだけで一冊本が書けちゃうほどネタだらけなんですが、敢えて絞り込んで言うとするなら初めて遊びに来ても誰に頼る事なく**安心して異国情緒な夜遊びが楽しめる**って事になると思います。治安は日本と殆ど変わらないほど安全安心。交通機関も日本と同様の乗り方の高架鉄道と地下鉄があって一日目から自由自在に移動出来る。そして遊べる風俗ジャンルの多さもダントツ。どんな遊びをしたいかで自由にチョイス出来ちゃうところもタイならではの魅力といえます。

タイには世界にある殆どのジャンルの風俗が揃う。しかも安全に遊べるので初めて海外で遊んでみたい、と言う方にはピッタリの国と言えます

そして海外で風俗遊びした事がない皆さんが最も気がかりな「言葉が通じるだろうか」の不安もタイのバンコクなら**日本語の通じる店が多い**ので安心です。「バンコク行って日本語しか喋らなかった」なんて人も結構居たりしますからね。まぁぶっちゃけ言うと、どこの国でも遊びに行ってみれば日本語なんて通じなくてもカタコト英語で何とかなっちゃうんですけどね。でもそれは遊びに行って初めて分かる事。行く前に不安が一つ減るだけいいのかも知れませんね。

バンコクのスクンビット通りに集まっているのがエロ按摩。日本人経営の店が多く、メニュー表も日本語表記。女のコたちも日本語が喋れる娘が多い。こちらはスクンビット・ソイ26にある『俺の26』という店の女のコたちです

こちらはスクンビット・ソイ33にある日本人クラブ＆エロ按摩の『フォーチュンクラブ』。日本のタイパブで働いてたママさんが切り盛りしているので日本語ＯＫです

美人の基準はひとそれぞれ。なのでここでは奥岳の独断と偏見で選んでいきますよ。彼女はタイ・パタヤの『ニンジャゴーゴー』のダンサーだよ

第3章—2 国別美人度ランキング

BEAUTIES

女性の好みは人それぞれ。異論も様々あるでしょうが、ここは奥岳の独断と偏見で選びましょう。

「どこの国の女性が美人なのか⁉」って言うより奥岳の場合には「**どの国の風俗に美人が多いのか**」って事になるんでしょうね。コレって男なら気になる問題だと思うんですが、実際に行って遊んでみると、どこの国へ行っても美人は居るし皆キレイだったり可愛く見えて来ちゃう。奥岳はこの現象を「現地マジック」って言ってるんですが、目がいつの間にか現地モードになって色の黒さや顔立ちのクセなどが気にならなくなっちゃうんですよ。だから取材に行って「今回も可愛い女のコたちが撮れたわい」と喜んで編集部に戻って写真をパソコンに移してみると「あれ⁉」こんなんだっけ？ って思ったりする事が少なくない。フィリピンのゴーゴーバーとかでステージの写真を撮らせて貰うと後でビックリする。それは写ってる女のコたちの顔が店では気づかなかったのに歌舞伎の白塗り状態で写っているんですよね。これはどういう事かって言うと、ゴーゴーバーの店内は薄暗くステージにライトが当って

るといってもそれは青だったり真っ赤だったりするカラーライト。こんな状態で女のコたちが普通のメイクでいると全然華やかに見えないんですよね。そこで女のコたちはそんな照明でも目立つように白粉を塗りたくっている。歌舞伎が出来たばかりの頃、照明はロウソクだけだったのであの白塗りになったと言われますが、それと同じ事です。ですので店で見ている時には自然で美しく見えていたモノが、フラッシュを炊いて撮った写真ではお笑いの小梅太夫みたいになってしまうのです。

　このように**人の目はその場の状況に合わせてベストな状態に補正してくれる**。それが現地では女性を美しく見せ、日本に戻って写真で見ると色が黒かったり華やかさに欠けたように見えてしまう事に繋がるのです。

　ですので奥岳の美人度ランキングは「**現地マジック**」込みの評価。現地で奥岳が感じたインスピレーションを元にした順位で〜す。ホントにそうなのかどうは、ご自身で気になる国にってチェックして下さいね。

韓国
番外編
日本人好みの美女が多いと
人気の韓国ですが、
風俗で探すのは難しいかも
OKU

日本人の美的感覚に最もマッチするアジア女性と言えば韓国って事になるんでしょうね。初めて海外で風俗遊びするならどこがイイ？　と質問すると一番にあがる国だったりしますからね。でもなぁ、韓国の風俗にはKポップアイドル似の女のコって実際にはそんなにいないし、化粧で寄せても、何か欠けてる感じだったりするんですよ。皆さんの期待が大き過ぎると遊びに行ってガッカリするかも、って意味も込めて**少し辛口の番外編**としました。

オーパルパルで遊んだ女のコ。この娘は韓国のチョイの間ではかなり可愛いレベル

他の項でも書きましたが、今韓国で日本人が安心して遊べるジャンルはチョイの間ぐらいになってしまいましたし、そのチョイの間も首都ソウルを始めとした**大都市圏は次々閉鎖に追い込まれて**います。遊べる場所が狭まれば、それだけ美人と出会えるチャンスも少なくなってしまう。この国を触れないと不自然なので番外編として紹介しましたが、それでもオレは韓流美人が好きなの、って言う人以外は別の場所で美女探した方が良いかもですね。

第5位
インドネシア
美人度ランキングでもベスト5入り。
二億四千万分の一の美女に出会えるかも
OKU

遊びに行く度に新たな発見があり、面白さが加速するインドネシア。特に首都ジャカルタの風俗店には**ビックリするような美人さんが多く**、この世界を知らない風俗ファンは絶対損してると思うんですよね。インドネシアは東南アジアの中でも日本から遠い場所にあるし、日本でインドネシア女性を見掛ける事もマレ。そんな理由から海外夜遊び選択肢の視野に入っていないんでしょうね。でも、行ってもらえば分かるんですが、ホント美人さんが多い

ジャカルタのナイトクラブでゲットした美人。このレベルの女のコがわんさかいます

んですよ。ゴージャス風俗の所でも紹介している高級クラブ『1001』に訪れれば、どの娘にしようか迷ってしまうのは間違いありません。そして格安店にも顔立ち、スタイル、そして**見事過ぎる爆乳の女のコ**が居たります。奥岳が推すジャカルタの美女レベルを偏見を持たずに是非一度自分の目で見て欲しいものです。

第4位 ミャンマー

素朴な少数民族出身の美人多し！夜と昼間のギャップにも萌えます

長年軍事政権が続き、国際社会に対して鎖国政策を取ってきたミャンマー。それが2011年に突如、民政移管を発表。**国際社会への復帰**を果たしました。軍部が中枢に居座っているので完全民主化までには至りませんが、国際社会からも受け入れられ日本人も**気軽にミャンマーへ遊びに行ける**ようになったのです。

国際社会へ復帰したミャンマーに注目

そんなミャンマーの首都ヤンゴンには外国人向けの風俗もあったりするんですね。建前上は風俗店ではなくディスコですが、女のコたちが援交相手の男性を捜しにやって来て連日大盛況なのです。マッチングの橋渡しは店の従業員が担当。女探しが目的なら暗いフロア席に座らないでVIPボックス（個室カラオケのような感じ）を借ります。そうすると担当のボーイが女のコを次々連れて来て顔見せしてくれます。**値段は年々上がってきていてデート代は日本円で一万円程度。**決まったら泊まっているホテルへ連れ帰って遊びます。

未だ発展途上国に分類されるので、女のコたちも洗練されてないのだろうなと思いきや、ここで遊べる女のコたちの装いはバンコクの高級クラブ並みの艶やかさ。顔立ちは小顔でシャープなタイプが多く、奥岳はここで**沢尻エリカ似の美女をゲット**しております。スタイルも細身のナイスバディで大興奮で遊んだのを今も覚えています。

ミャンマーにどうして美女が多いのかですが、それは彼女たちが少数民族出身だからなんです。少数

ヤンゴンのディスコで熱烈アピールして来た美女。部屋に入って来た瞬間、仲間内での争奪戦が起りました

民族は長い年月、同じ部族内での結婚を繰り返して来ました。そうすると必然的に血が濃くなるので遺伝的に美女が生まれる確率が高くなるのです、エリカちゃん似の女のコも聞けば北部に居る少数民族の出身でした。

　そして更に嬉しかったのが翌朝です。お寺巡りに付き合ってくれる事になり、洋服を夜の装いから普段着に着替えたのですが、それはロンジーと呼ばれる巻きスカート。それをベトナムのアオザイのように身体に張り付かせます。そのタイトさが妙に色気あるんですよ。化粧も派手なものでなくスッピンに近い感じで頬にはタナカと呼ばれるミャンマー伝統の白い粉を塗る。清楚ながらも美しい地元美女に大変身です。**夜の顔と昼の顔、その両方が一度に楽しめた**のはラッキーでしたね。ガイド料はデート代と別に払う事になりましたが、この感動はまさにプライスレスでしたね。

第3位　タイランド

タイの美人度が上がったのは何故!?　理由は韓流です

タイの女のコたちの美貌がアップしてる！

　最近、タイ在住の仕事仲間と話すとよく出てくるのが「タイの女のコたちキレイになってきたよね～」って話題です。食生活などが変わって女のコたちの顔立ちに変化が現れるって言うのはよくある話ですか、そうした変化は二、三十年単位でのモノ。**タイの女性がより美しくなった**変化は、ここ五

スクンビット・ソイ24/1にあるエロ按摩『スイートマンゴー』のキャットちゃん。この娘はホントに可愛い女のコで～す

～七年での、急激な変化なんですよね。

一体何があったのか!? 気になるよね～。で、どうしてなのか探っていくと、そこには彼女たちの所得が増えたという変化があったのです。今、タイでは空前の好景気に湧いているのです。ほんの十年前まではタイの庶民の月給は首都圏バンコクでも一万バーツ（約三万三千円）に届かなかったものが、今では一万バーツを突破して一万二千バーツ（約四万円）以上に。その分、物価も上がっているのですが、手取りが増えて自由に使えるお金が多くなったのです。そうなると女性はやっぱり自分磨きですよね。前なら百円ショップで売ってるような安物の化粧品で我慢してたものが、日本製などの質の良いモノに。これだけで**美しさが何段階もアップ**するんですね。そしてもう一つ美しさをバックアップしてくれたのが韓流メイク術です。皆さんもご存知のように韓流メイ

クは目鼻立ちを大きくクッキリさせるものが主流で、地味目であったタイ女性の顔立ちがドンドン今風に洗練されていったのです。スマホが普及した事でメイクのやり方などはインスタやフェイスブックなどで幾らでも手に入りますからね。そうやって質の良い化粧品で顔立ちを整え、バッチリメイクを施す事で**タイ女性の美貌が飛躍的に向上**したんですよね。

そんなのフェイクじゃないか！　と思われるかもですが、日本の女性だって韓国の女性だってメイクでガッツリ美人顔を作っているのは同じ事なんで、見た目良ければそれでヨシですよ（笑）。あと、韓国女性ほどじゃないですがタイ女性も整形する事に抵抗感がありませんので、結構、目元や鼻筋をぷち整形する娘も少なくありません。目鼻立ちクッキリ美女と遊びたいならタイも選択肢のひとつに入るんじゃないでしょうか。

第2位
フィリピン
三百年以上続いたスペイン統治がアジア離れしたフィリピン女性の美しさを作った
OKU

スペインとの混血が生んだ軌跡の美しさ

タイを押えて二位に喰い込んで来たのは**ピンボケオヤジ**（※注1）たちの聖地フィリピンです。フィリピンは以前から美人の宝庫と言われて来た国で、ミスユニバースなどの**美人コンテストでも常に上位入賞を**果たしています。その美しさの秘密には、この国を三百年以上も統治していたスペインが関係してるんですね。

大航海時代、世界各地は欧州列強の侵略に遭い占領統治されて来た歴史があります。アジアではインドはイギリス、ベトナムはフランス、インドネシアはオランダ、そしてフィリピンはスペインに長らく統治されます。その間にフィリピンでは混血化が進み、先祖にスペイン人がいると言うフィリピン人が多くなって行きました。でも、不思議な事にインドやベトナム、インドネシアなどでは混血が多くなっ

あどけなさの中に何とも言えない魅力を秘めたフィリピーナ。セブで出会った娘ですが、この娘は本当に可愛い美人さんです

たという話はあまり聞かないですよね。実はそれイギリス人やオランダ人などのアングロサクソン系とスペイン人とでは、占領統治方法が異なるからだと言われています。

アングロサクソン系の欧州人たちは、現地の女性と遊んだりはしたでしょうが積極的に子供を作る事はしませんでした。ところがスペイン人たちは手当り次第に現地女性とエッチして子供を産ませていったのです。そして出来たハーフの子供に植民地経営を任せ、自分はその子供から上がりを上納させる統治方法を行なっていたのです。

スペインが統治したフィリピン以外の他の国でもこの手法は変わりません。中南米のメキシコ、カリブの国々などには多くのハーフの子供が生まれ、彼らはメスティーソと呼ばれ、現地の人々とスペイン人とを繋ぐ役割を負ったのです。

ハーフ女性には**両親のいいとこ取りをした美人**が多いですよね。母方のフィリピンの血が濃く出る娘もいれば、その反対もある。そんな混血の血筋が何代にも渡り交わり続け、今のフィリピーナたちの顔立ちを作り上げていったのです。

私事で恐縮ですが、奥岳のセブにいるガールフレンドのマリーンちゃんも隔世遺伝でスペイン人の血が色濃く出たタイプ。ショッピングモールなどを一緒に歩けば**男たちが注視するほどの美人**さんだったりします。彼女の兄弟や両親も知ってますが顔立ちは全く違いますからね。いきなりご先祖の血が彼女にだけ出たって感じなんです。

そんな風にしてビックリするような美人が生まれる国がフィリピンなんですよね。ピンボケオヤジさんたちがフィリピンにハマり込んじゃうのも分かるでしょ。

【注釈1】ピンボケオヤジ／フィリピンにハマり込んだオジさんたちが自虐的につけたニックネーム。

フィリピンにハマり込むおじさんの気持ちが分かる

第1位
ロシア
風俗で遊べる国の中ではダントツの美しさ。死ぬまでに一度はお相手したい!

栄えある美人度一位に輝いたのはロシアです。透き通るような白い肌に日本人憧れの的ブロンドヘアー。髪の毛だけじゃくて**下の毛までブロンド**なんだからたまりませんよね。そしてエロ本ちっくになってしまいますが、アソコの花びらも淡いピンク色。見てるだけでご飯三杯はイケる美しさなんですよね。

旧共産圏の国なので気軽に行けるイメージはありませんが、極東ロシアのウラジオストクやハバロフスクなら飛行機に乗ればわずか三時間半。最も近いヨーロッパの町並みが僕らを出迎えてくれるのです。そして更に嬉しいのがこの二つの都市、**ロシア屈指の風俗都市**でもあるんですね。近年、ロシア女性たちはアジアへ多く出稼ぎに行ってます。日本を始め、中国、韓国、マカオ、そしてタイなどの東南アジア各国。その出入り口を担っているのがウラジオストクとハバロフスク。ロシア全土から美女が集まり、各国へ出国する手続き待ちで数ヶ月滞在するんですね。待っている間は給料が出るワケじゃありませんからお金を稼がなきゃならない。そんな彼女たちのショートタイムワークにピッタリなのが風俗なのです。

この両都市には様々なジャンルのお店があります。ロシアではポピュラーな**風俗のエロサウナ**(※注1)、ホテル内にある置屋、そして援交相手を見つける為にディスコへも出没。日本人旅行者であれば**サウナか置屋で遊ぶのが一番**でしょうね。置屋の入っているホテルへ宿泊していれば、お泊まりで遊ぶ事も可能です。ネットでチェックしてもらえば置屋が併設されたホテルが出て来ますので、そこに泊まれば良いのです。
奥岳が置屋で遊んだ女のコの一人は「来月になったら日本のロシアンパブに行くから遊びに来てね」と連絡先を交換。翌月、都内某所のパブに本当に来て、**何度か店外デート**させて貰いました。「店長にダメって言われてるので、日本の店で知り合ったお客さんとは絶対寝ないのよ」と騎乗位になりながら言っておりました（笑）。仲良くなると**動物みたいな激しいエッチ**で応えてくれるので最高ですよ。

【注釈1】エロサウナ／ロシアのサウナはちょっと変わっていて他の客と一緒に利用するのではなく個人（仲間同士）で借り切るようになってます。で、借りきったサウナに女のコを呼べるんです。

このレベルの可愛い娘ちゃんがロシアの風俗には当たり前におります。死ぬまでに一度は手合わせしたいですね

ブラジルのビーチではトップレスが禁止されております。あんな開放的な国なのに何故!? エロ過ぎて興奮、レイプが増えたからだそうです

第3章—3

国別エロ度ランキング

ようやくエロ編集者としての本領発揮!
意外な国が登場してビックリするかもです

どうせエッチするんだったら**マグロちゃんよりエロい女のコ**としたい。男だったら誰もがそう思うんじゃないでしょうか。こちらの要望に何でも応じてくれる娘も良いし、こっちを寝かせてくれないような好き者もあり。自分から積極的にご奉仕してくれるワケじゃないけど、こちらの繰り出す愛撫をすべて受け入れてくれて感じまくってくれるような女性も奥岳的にはたまりません。

一口にエロい女って言ってもそのタイプは様々なんですよね。皆さんは、どんなエロさを求めていらっしゃいますか? そして求めるタイプの**エロい女のコが多い国はどこ**なのか? 気になりますよねぇ～。

EROTICA

第5位 中国

アジアのエロ大国なので期待大ですが、当たり外れが激しいのがネックかも

風俗が禁止されているのに風俗店だらけな中国。建前と本音って言っちゃえばそれまでですが、もう少し僕ら日本人も安心して遊べるようにしてくれると有り難いんですけどね。奥岳みたいにホテルの部屋へ公安が踏み込んで来た、みたいな事があると中国へ行くのが怖くなっちゃう。でも、奥岳はそんな経験した後も中国へ遊びに行ってるんですよね。懲りねぇな、って思われちゃうかもですが、バズった女のコに当るかも知れないと思うと足が止まらないんですよね（笑）。

中国でエロい女のコに当る**確率は四割弱**っていったところでしょうか。外れな娘は指名するまでは積極的にアピールして来るのに決めてプレイルームへ移動すると豹変。いきなり態度が悪くなって「さっさとヤレば」みたいな対応になったりするんですよね。もう少しニコニコしてくれれば終った後にチップだって弾むのに、イヤだなって思ってると態度に出ちゃうんでしょうね。

当たりって思える娘は**エッチに凄く貪欲**で、私も楽しませてと積極的。**恋人同士のように愛**

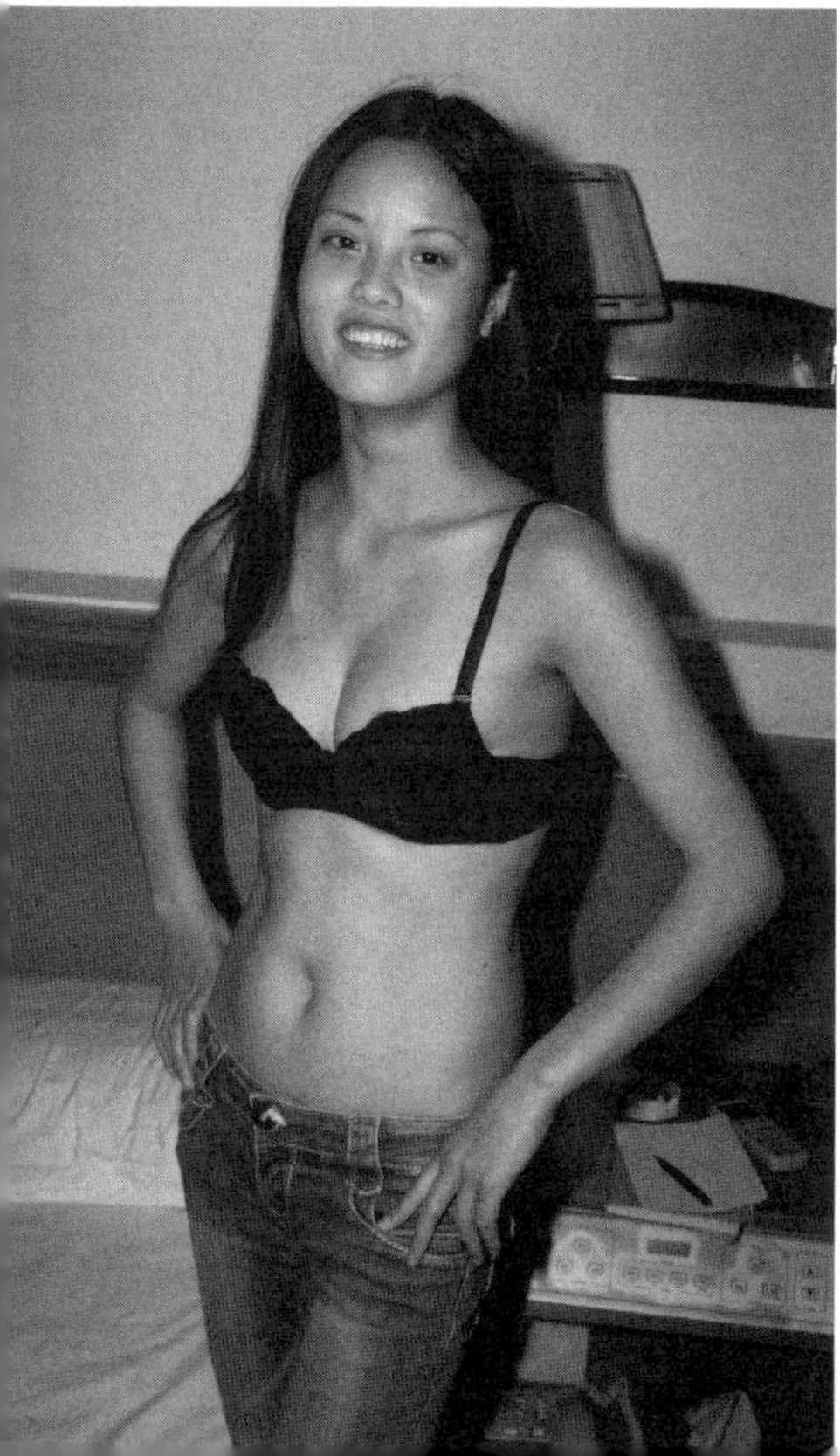

下川島で遊んだサービス良しのチャイナガール。エッチも自ら楽しむタイプで一緒に過ごしてる間一日二回は当たり前でしたね

し合う事が出来ます。特に泊まりで遊べる下川島みたいな所で良い娘に当れば一泊で手放すのが勿体なくなるほどです。一緒に飯を喰いにいけば海老の殻とか全部剥いてくれるし、外を歩く時にも、人目を気にせずイチャイチャしてくれる。中国の女性って結婚するまでは男性に尽くしてくれるって言いますが、それが風俗遊びでも体験出来るんですね。そんな女のコに巡り逢えるかも知れないって思うから怖い目に遭ってもまた行きたくなっちゃうんですよね。

昼間はビーチに行って一緒に遊ぶのがフィリピン・セブ島でのお約束。こんな風にイチャイチャしながら楽しめちゃうのです

第4位 フィリピン

当たり外れも激しいですが恋人関係に発展するチャンスも！

フィリピン女性も中国娘と同じように**当たり外れが激しい**んですが、フィーリングさえあえばスグにホットな関係になる。これがフィリピーナ最大の魅力なのかも知れませんね。

スペイン人の血が色

濃くミックスされているのでラテン系気質なんでしょうね。スグに**知らない人とも打ち解けちゃう**フレンドリーさがある。この距離感に戸惑わず、こちらもジローラモみたいに相手の懐に入っていく積極さを見せればイチャイチャ度も加速。ホメてホメてホメ倒し、良いムードのままベッドイン出来れば素敵な夜が過ごせる事請け合いです。フィリピンの風俗はお泊まりして遊ぶスタイルが一般的。フィリピーナはアソコをペロペロされるのが大好きなので、時間を掛けて彼女が満足するするまでナメナメご奉仕してあげる。濃厚なエッチが楽しめれば親密度が増していくので、そのまま翌日もキープするように遊べば**恋人のような関係**になる事も可能です。ちなみにフィリピーナは心を許した相手には「ゴムなんて着けないで」って言って来ますので、彼女にそう言ってもらえれば現地妻になってもらう事も夢ではありませんよ。

第3位　インドネシア

東南アジアでエロさナンバーワンと言えるのがネシアっ娘。ご奉仕技も凄い！

インドネシアの女性って**凄く優しい**んですよね。エッチしているときも「気持ち良く思ってくれてるかしら」ってこちらが満足してるかどうかって気を遣ってくれるんです。これも国民的な気質としか言いようがないんでしょうね。奥岳はこれまで百人を越えるネシアっ娘と遊んで来ましたがハズレな娘は殆どおりません。このアベレージの

小柄な娘が多いフィリピン。体位も自由自在

見るからにエロそうな顔立ちのネシアっ娘。ハイ、凄くエロかったです。お尻もフヤけるほど舐められちゃいました

高さは**東南アジアで一番**ですね。

そしてそんな気遣い娘たちはご奉仕技も凄い。オクチでペロペロしてくれるのは当然として、こちらが頼んでもいないのに後ろの方にまで舌を伸ばして来るのです。お尻ペロペロなんて日本じゃ超高級ソープでしかしてくれませんからね。それが一万円以下で遊べるインドネシアでは三人に一人ぐらいの割合でシテくれちゃうんですから、お尻ペロペロ好きにはたまりません。**濃厚なエッチを味わいたい**方にはネシアは外せないでしょうね。

第2位 モンゴル

まさかまさかのモンゴル！ 奥岳はアジア最高に認定させてもらいます

日本では大相撲を席巻する一大勢力として知られるモンゴルですが、お相撲さん以

外のモンゴルって意外に知られていないんですよね。まして**モンゴルで女遊び出来る**所があるなんて殆どの日本人は知らないんじゃないでしょうか。

　そりゃ人間が居る所ですから風俗ぐらいあるでしょう。でも、白鵬や朝青龍みてると…とても遊べるような顔立ちの女性がいるとは思えないですよね。奥岳も実際にモンゴルに遊びに行くまでは期待もしてませんでしたからね。下膨れでホッペの真っ赤な女のコってイメージしかなかったからです。ところがこの評価はモンゴルの首都ウランバートルへ行って覆されました。ガイドさんに案内されて遊びに行った連れ出し出来るカラオケ屋さんに居た女のコたちが**ビックリするぐらい美人揃い**だったからです。タイプとしては韓流美人を少しキツめにした感じと言ったら分かって頂けるでしょうか。下膨れギャルも居なければ朝青龍似の女性も一人もおりません。まずこれだけでビックリですよね。

　そして更に驚いたのがベッドの中でした。上着を脱がすと色っぽい下着を身に着けていたのです。後からガイドさんに聞くと「モンゴルは寒い国なので外では分厚いダウンか毛皮のコートを羽織らなければならない。だから上着でオシャレをするのが難しい」んだそうです。なので年頃の女性は下着にお金を掛けるんだそうです。これだけで色っぽさ倍増ですよね。

　そして下着の中には**ムチムチっとした白い素肌**が隠れてる。ムチムチっとしてるのにも理由があります。モンゴルでは冬になると平均気温はマイナス20度前後。寒さ対策で自然に皮下脂肪がついてくるんだそうです。でも決して太ってるワケじゃないんです。締まっていながら肉付きが良いんですよね。

　しっかり女体観察をさせてもらった後はお楽しみタイム。こちらの**レロレロ攻撃を嫌がる事なく**一緒にエッチを楽しもうとしてくれます。お願いするとオクチで舐め舐めもちゃんとしてくれます。充

モンゴル娘はアジア最強のエロさ！

連れ出しカラオケでゲットしたモンゴル娘。ちょっと皆さんが想像してた感じと違うでしょう。こんな娘がゴロゴロいるんですよ

分興奮した所でさぁ正常位で頑張ろうと思っていると彼女、上になると言う。最初はソレで良いかもと思い、**騎乗位で合体**すると…エッなにコレ⁉ 彼女はお尻を着ける事なくアレを咥え込んだまま、凄い早さでアレをシャクリ上げるような感じでグラインド。これまで体験もした事のない腰遣いでどんどん追い詰めて来るのです。おぉ、こりゃ辛抱できん！

どどぴゅんコ。奥岳は生まれて初めて騎乗位でイカされてしまったのです。正確に時間を計っていたワケじゃありませんが三分ともたなかったんじゃないでしょうか。

こんなエッチ初めてだよ〜、と横になって息を整えてると、彼女の手が股間に伸びて来てまさぐり始める。そんなスグに回復しないからと手を止めさせ

ようと思いましたが、その**指遣いがなんとも心地良い**ので為すがままにしていると、アソコが元気にコンニチワ。まさかまさかの連戦に突入です。今度はこっちらが主導権を取って頑張り彼女をイカせる事が出来て大満足。これでぐっすり眠れます。ン！？・ンン。目が覚めると再び股間に異変。ナント彼女は起き抜けにアソコにしゃぶりついてるじゃありませんか！　それにしっかり反応して奥岳のムスコも元気いっぱいだし。まさか起き掛けにまたエッチするとは思ってもいませんでした。

彼女を帰した後、ガイドさんにその激しさを報告すると「あ～それね、**モンゴルでは当たり前**だよ～」だって。その後も奥岳はモンゴル行きを繰り返し二十人を越えるモンゴリアンレディとブツカリ稽古を繰り返しましたが、どの娘も精力絶倫でガイドさんの言うようにホント当たり前でありました。体力に自信のある方は是非お試しアレ。

世界ナンバーワンに輝いたのはブラジル

第1位　ブラジル

モンゴリアン女子の騎乗位も凄いけど、ブラジル娘のバックは想定外ですよ

キングオブエロ女の栄冠に輝いたのは、南米ブラジルの女のコたちで～す。日本から行くのに最短でも二十六時間以上。日本から最も遠い国なんですが、風俗好きならそれだけの**時間を掛けても行く価値のある国**なんですよね。

サンバのノリでエッチも奔放に楽しむ

元々住んでいたのはインディオと呼ばれる人たちですが、そこへ大航海時代にやって来たのはポルトガル人でした。当時、ポルトガルとスペインは競い合うようにして海外へ進出。植民地争奪戦を繰り広げていたんですね。

フィリピンのところでも書きましたがスペイン人たちは現地女性とエッチしまくってハーフの子供たちを増やして行きましたが、ブラジルに侵攻して来たポルトガル人たちも**子作りして支配を行なう作戦**を取っていたんですね。そうやって広大なブラジルの地に浸透して行ったんですが、とてもそれだけでは労働力が追いつかない。そこでポルトガル人は大量のアフリカ住民を移住させて来たのです。またイギリスやドイツ、フランスなどからの移民も積極的に受け入れていったと言います。そして時代が進むと今度は日本人を筆頭に、アジア系住民も流入。こうして世界に類を見ない多民族国家が誕生したのです。

やって来た地域こそ違え、移民たちはベースとなったポルトガルのラテン気質を受け継いで行きます。ブラジル生まれのサンバはこうした様々な血が混じり合う中から生まれたモノだそうです。

ブラジルに行ってみると分かるんですが実に多彩な顔立ちの人々がいる。一見するとイギリス人なんじゃないかと思える人もブラジル人だし、黒人もブラジル人。日本人と同じ顔した日系もブラジル人なのです。そして風俗にもこの多民族性が反映。インディオ系の女性から白人女性にしか見えない女のコまで、**好きな顔立ちの娘と遊べて**しまうのです。日本人は金髪好きなのでヨーロッパ系の女性が人気だったりします。でも、いざ遊ぼうとすると近寄り難い感じがしちゃう。パツキンコンプレックスってヤツですね。でもブラジルであれば大丈夫。見た目はアングロサクソン系でも気質はノリノリなブラジル人。**サービスはメチャメチャ良い**し日系人が多い事からブラジルでは日本人が大人気。日本から

こんな金髪美人さんがブラジルの風俗店にはゴロゴロ居るんですよ。ベッドでも激しくてこちらは防戦一方でした。まさにセックスマシーンですね

持参したチョコレートや人気のネコキャラグッズでもプレゼントしたらフレンチキッスの大歓迎です。金髪好きにはたまらない国ですよね。

そして更に凄いのがセックス。**ブラジルは名器揃い**なんですよ。なんでブラジルに名器が多いのかと言えば、それは子供の頃からサンバで腰が鍛えられているからなのです。あの小刻みに腰をバイブレーションする動きによって下半身の筋肉が発達。締まりがメチャ凄いんです。で、挿入後だってブラジルの女のコたちはジッとしてはおりません。こちらの動きにアジャストするように腰をクネらせてくるのです。その凄さが一番体感出来るのがバックです。バックは女性のお尻を持って男が突き上げるのが常識ですが、ブラジルでは女のコの方が動いてくれちゃうのですのです。この気持ち良さは**体験した人じゃなければ分からない**かも知れません。ホント、オーマイゴッドな未体験エッチが楽しめますよ。

モテ遊びの鉄則

スマートにボッタくり被害を回避。ボッタに引っ掛かってたらモテませんよ

別に風俗遊びでなくても海外旅行で**心配なのがボッタくり**ですよね。言葉も満足に通じない国に行って必要以上に金取られてるんじゃないか、って常に気になっちゃう。金額の多寡とかじゃなくて余計に金を取られる事が、何か「コイツなら分からないだろう」みたいに見られてる感じがして凄くイヤなんですよね。日本円に直したら十円、二十円の事なんだけどタクシーとかで高く言われたりすると猛烈に怒る人とか居ますからね。海外に来てるって緊張感もあって余計警戒しちゃうっていうのもあります。

ただ、そんなボッタくりに警戒心満点な方でも風俗では**知らず知らずにボッタくられている**事が結構あるんですよね。

最もダメなのが客引きの案内に付いていってしまうパターンですね。

外国人観光客が行き交うバンコクのスクンビット通りには外国人に「マッサージマッサージ」って声を掛けて来るタクシーの運転

ベトナムでボッタくり注意したいのがビアオム。ビールをケースで請求される事もある

手がおります。どんな所へ連れて行ってくれるのかな、と近寄って行くと見せて来るのは泡まみれの女のコの写真。**彼らが言うマッサージとはソープの事**なんですね。バンコクに来たのは初めてだし、店を探して行くのも面倒だからコイツに案内してもらうかな、と利用してしまう人が後を断たないのです。タクシーに乗って店に到着すると、そこはまさにソープランド。可愛い泡姫が勢揃いして楽しく入浴。値段も日本円にすれば二万円程度。こりゃ安くて楽しかったわい、と大満足で来た時乗せてもらったタクシーに乗ってホテルへ戻ります。気を良くしたお客さんは少し多めにチップをやって「明日も別の店に連れてってくれよ」って言ったりする。ここまで読むと「そりゃ良い運転手捕まえたよね」って思われるかも知れませんが、コイツらは悪質なボッタくりタクシーなんです

韓国の看板はハングルしか書いてないので、どんな店なのか確認が難しい。そこでガイドに頼りがちになるのですが…

ね。

バンコクのソープは、極楽ランキングのページでもご紹介しているように大衆店なら三千円、中堅店は七千円、そして高級店でも一万円ぐらいから遊べてしまうんですね。で、この案内されている店では二万円払ったって事ですので、これは超高級店レベル。そんな超高級店に連れてってくれているならボッタくりでも何でもないんですが、ボッタくりタクシーが連れて行くのは三千円レベルの大衆店。**まさにこれが知らない怖さ**なんですよね。奥岳もこの手のボッタくりタクシーに連れてってもらって「凄く良かったよ」と自信満々に言ってる人がいたので「じゃあ今日は僕が案内しましょう」とバンコクで有名な超高級ソープへ連れてって上げたらオクチアングリ。言葉もなく固まっておりました（笑）。

通りで客を勧誘して運ちゃんたちが連れて行くのは連れて行った客が支払う料金からキックバック（マージン）をくれる店。悪い場所にある店や最初から運ちゃんと組んでボッタくりで儲けている悪質店ばかりなんですね。でも、バンコクで一度もソープで遊んだ事がない方は、店のレベルと料金が適正であるかどうか分からないので日本のソープとの比較で安いとか良かったって思っちゃうんですよね。

世界にある風俗の中には、場所がわかりずらいジャンルや店も少なくありません。そうした店に行き着く為には地元の**情報通であるタクシーの運ちゃん**の力を借りなければなりませんが、バンコクのように情報も多く交通機関がシッカリしてる場所では、自分で場所のチェックを行ない自分の足で店へ行くっていうのが遊びの鉄則となるのです。

ボッタくり繋がりで気をつけたい国とジャンルを2つご紹介しましょう。

一つ目は**ベトナムのビアオム**です。ベトナムではポピュラーな庶民派ナイトクラブ。モチロン女のコが付いて接待してくれま

す。知ってる店や知り合いが教えてくれる店なら安全なんですが、知らない店に入ると**トンデモない事になってしまう事もある**のです。そのボッタくりの手口と言うのは、ビール。ビアオムはそのジャンル名でも分かるようにベトナムビールが楽しめるお店で、中に入ると注文しなくても人数に合わせたビールが出て来るんですが、ボッタクリ店では女のコと合わせて四人程度なのにビールを何ケースも持って来てこちらが唖然としているうちに次々ビールの栓を開けてっちゃうのです。支払いは口の開いた本数で行なうので、物価が安いベトナムでも一万円を越える料金になってしまうんですね。まぁ開けた盞は客が帰った後にまたハメるんでしょうけどね。こんな悪質店があるのでご注意を。

　もうひとつの悪質ボッタは、**韓国のルームサロン**。韓国版ナイトクラブでソウルの繁華街カンナムなどにあるのですが、店によっては日本人お断りと言われたりするので中々日本人が探して遊びに行くのが難しいジャンルだったりします。でも女のコのレベルも高いし気軽に遊べたチョイの間が無くなって来ているので、行けるんだったら行ってみたいって人も多いんですよね。

　飛び込みで入りずらいのであちらで知り

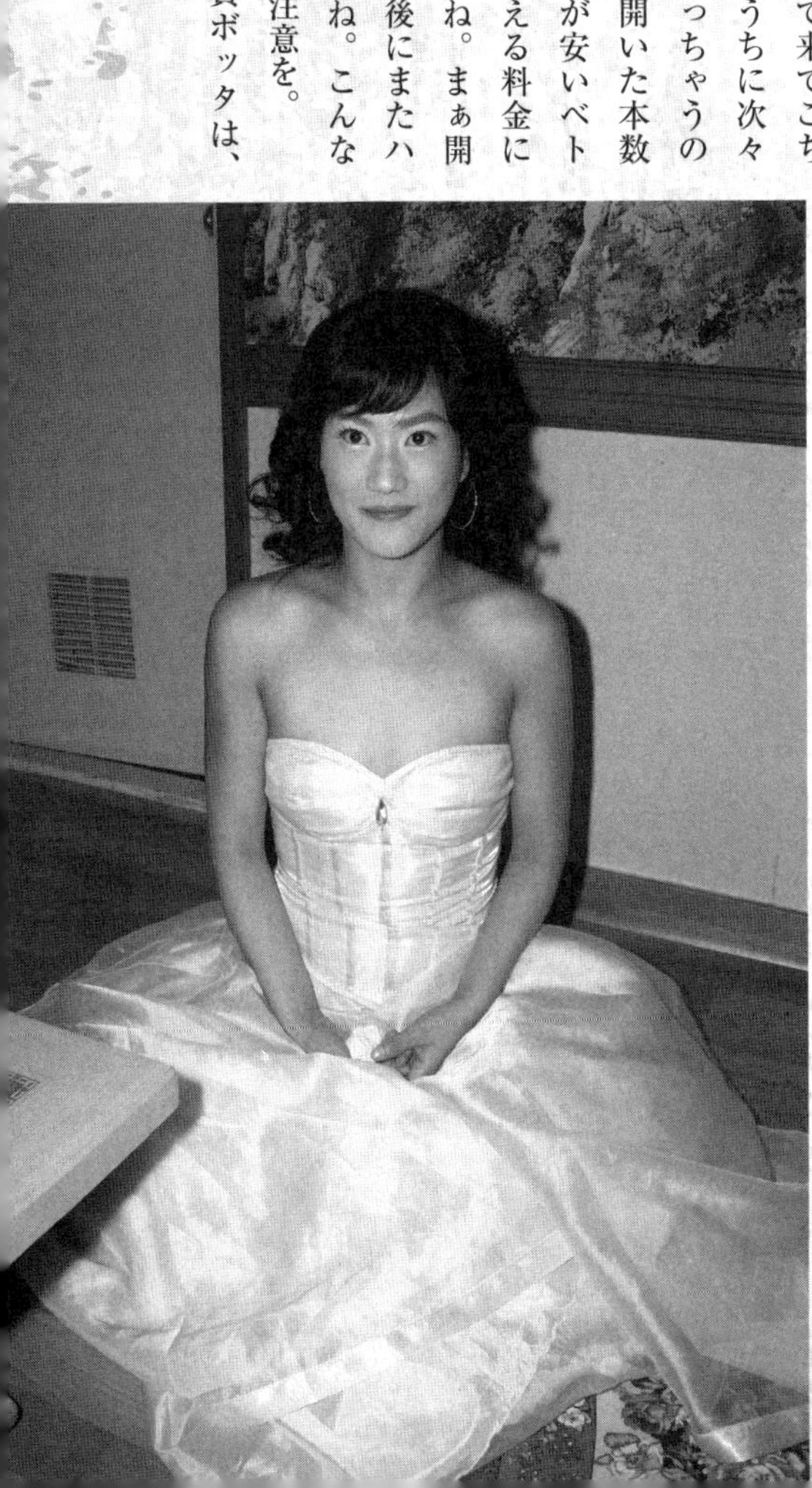

韓国では日本人は余り大切にはされない。だからボッても平気って思われてしまう事も少なくないようです

ルームサロンでエッチに盛り上がるのは良いか、あとの会計が怖い。歌舞伎町以上にボッタくられる被害も！

合ったガイドさんとかに頼んで連れて行って貰うのですが、本当に懇意にしてるガイドさんなら問題ないのですが、知り合ったばかりのガイドさんだと結構ヤバかったりするんですよ。手口は、ガイドさんと一緒に入り個室へイン。女のコを選んで盛り上がっていると小一時間ほどで電話が掛かって来てガイドさんが中座。電話だからスグに戻って来るだろうって思ってると十五分経っても三十分経っても戻って来る気配がない。それでちょっとマズいんじゃないの⁉ と思って会計すると、金額ナント三百万ウォン！ **日本円にすれば三十万**ですよ。歌舞伎町のボッタよりも高いかもです。それで「こんな金額聞いて無かったよ、連れて来たガイド呼べよ」と言っても埒が明きません。そのうちコワオモテの兄ちゃんとかも出来て来て**結局払わせられる事になってしまう**のです。奥岳の知り合いも何組かやられているので知り合いでも居ない限り、絶対行かないように！

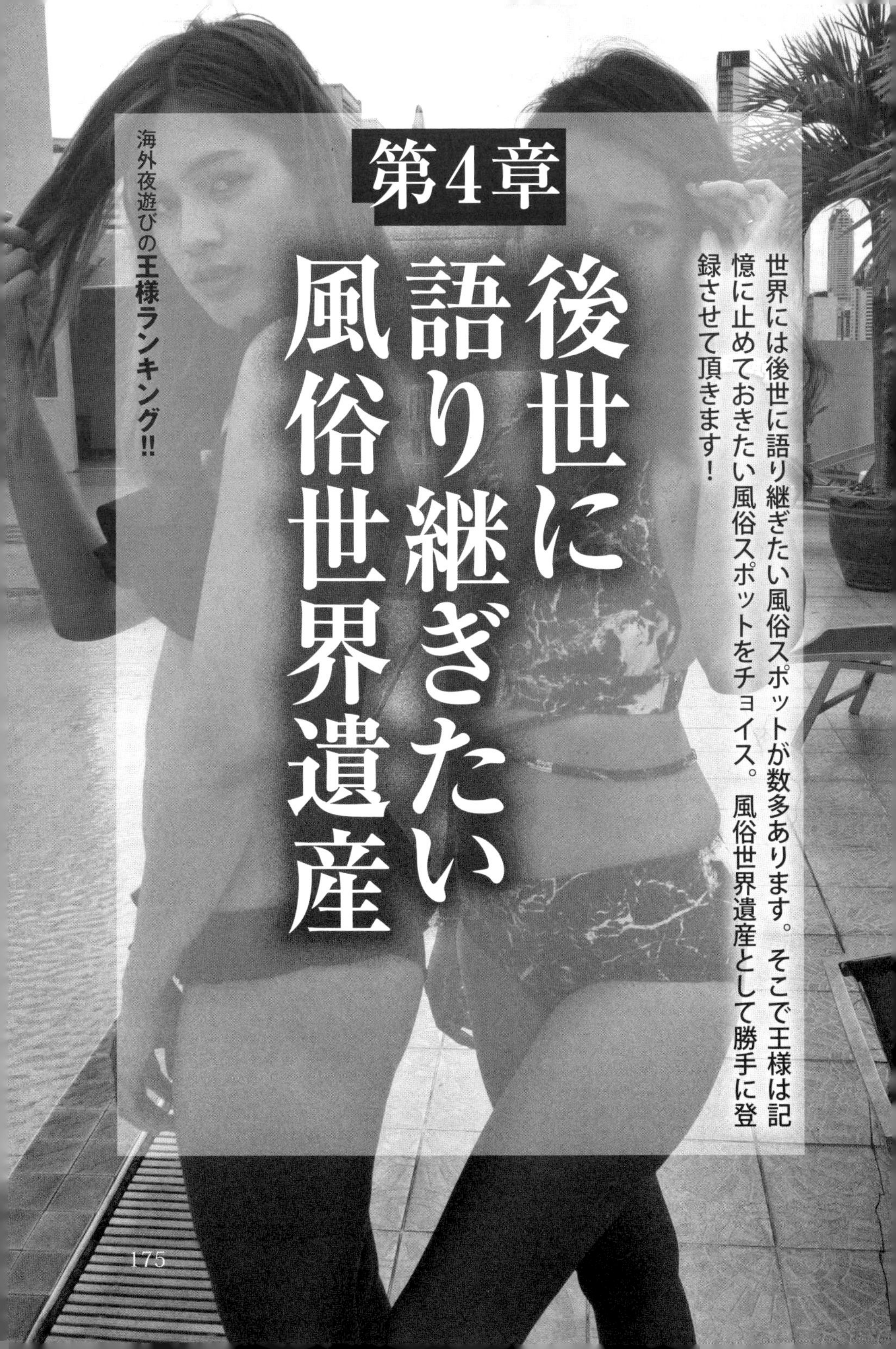

第4章

後世に語り継ぎたい風俗世界遺産

世界には後世に語り継ぎたい風俗スポットが数多あります。そこで王様は記憶に止めておきたい風俗スポットをチョイス。風俗世界遺産として勝手に登録させて頂きます！

インド・コルカタ
ソナガシの売春窟
世界最大の売春窟として今も男たちの欲望を呑み込み続ける風俗街

置屋は世界中どこに行ってもあって数ある風俗ジャンルの中で最もポピュラーな存在。その歴史も古く、売春と言う仕事が生まれて最初に出来たジャンルとも言われています。遊び方もシンプルそのもの。店の顔見せスペースでお相手を選んで奥や階上にあるヤリ部屋でエッチ。フィニッシュまでがプレイタイムとなってます。

インド・コルカタにあるソナガシは、**世界最大の置屋街**と言われています。エリア内で**働く女性の数は一万人を越える**と言うのですからその規模の凄さが分かりますよね。

出来たのは定かではありませんがイギリス統治前からあると言われ、置屋街ではなく**売春窟と言うまがまがしい名称**で呼ばれたりもしています。

街の区画整理によって近年は周辺がスッキリした雰囲気に生まれ変わりつつありますが、売春窟の中へ一歩入ると細い路地がクネクネ曲がり、方向感覚がおかしくなる**まさにラビリンス状態**。この時代を感じさせる独特な佇まいを求め、世界中からマニアが集まる置屋の聖地として支持されているんすね。

働く女性たちはインド特有のカースト制度の中で最下層と言われるの人々。カーストは勝手にクラスを変更する事は許されず、代々同じ仕事に就く決まりがあります。ですので、置屋の女性たちも代々この仕事を引き継いています。それでもこ

表通りには地下鉄の駅もでき、妖しい雰囲気はかなり薄まりつつあります。写真に見える路地を入って行くと店が並んでます

の仕事はイヤだ、と同じ階層の別の仕事に就く女性も多くなって来ているらしく、女性不足を解消する為にバングラディッシュやネパールなどから**出稼ぎでやって来る女性**も少なくありません。

お遊び代は**日本円で千円以下**。ただ、言葉が出来ない外国人観光客には倍ぐらいの値段を言ってきます。また「案内するぞ」と声を掛けてくる男たちはカスリを取るだけの輩なので相手にしないように。**治安は良くない**ので貴重品などはホテルへ置いておくようにしましょう。

ソナガシの置屋で出会った女性。地方から仕事を求めてこの置屋街に来たのだそう

風俗世界遺産―2

韓国・ソウル
オーパルパル

韓国最大のチョイの間街 閉鎖、再開を繰り返しながら 遂に全面廃止なってしまった

韓国のお手軽風俗として日本人にも**大人気なのがチョイの間**です。チョイの間街と呼ばれる決まった場所に店が集まり、通りに面した部分がすべてガラス戸になっていて中には赤色の蛍光灯が灯り、女性たちが目立って見えるようになっています。場所によって異なりますが、冬でもガラス戸を開けて女のコたちが身体を乗り出し客を**勧誘する姿が風物詩**となっています。

ソウルや釜山などの大都市圏以外の地方都市もあってチョイの間巡りを楽しめたりします。

そうした韓国にあるチョイの間街の中でナンバーワンのレベルと規模を誇っていたのが**ソウル市内にあったオーパルパル**です。

女のコたちがパンタロンを履いているのには秘密があります。彼女たちは上げ底の靴を履いて背を高く見せているんですね

韓国国鉄と地下鉄の清涼里（チャニアンリ）駅から歩いて三分の所にあり、名称のオーパルパルは隣接した国道588号線（韓国語でオーパルパ

ルと読む）にちなんで名付けされました。元々ソウルではミヤリの方が規模が大きかったのですが、遊び方が店で女のコを選んで上の部屋で宴会し、それから個室で遊ぶスタイルだったので、もう少し簡単に遊べるチョイの間を作ろうと考えて**新興のチョイの間街オーパルパル**が誕生、こちらの方が人気になったのだそうです。

料金は七万ウォン（日本円で六千五百円）の安さで、プレイ時間は一応二十分と決まっていますが、お客さんが**イッたら**時間に関係なく**終わり**となります。女のコによっては「ゆっくり出来るからダブルで入って」と誘われる事がありますが料金が高くなるだけで余り意味はありません。

首都の中心に風俗街があるのは問題だとする政府によってチョイの間は何度も規制の対象となりオーパルパルも閉鎖、再開を繰り返して来ましたが２０１９年春、遂に街を再開発するとの名目で完全廃止。既にチョイの間殆どの建物が撤去されてしまいました。雰囲気のあった町並みだっただけに非常に残念な終り方ですね。

オーパルパルは若い美人が多い事でも評判でした。閉鎖され彼女たちはデリヘルやカンナムの風俗店に移ったそうです

風俗世界遺産―3

フィリピン・マニラ LAカフェ

「滑り止め」なんて言わせない！連日大盛況のハッテン場で美女探し！

24時間営業なのでいつでも行けるのが魅力ですが周辺は治安が悪いので、深夜は避けた方が良いでしょう

マニラ屈指の歓楽街マラテで24時間営業カフェとして独特な威容と存在感を放っているのがLAカフェです。**マラテは日本街**と呼ばれるほど日本人が多く住み、日本のフィリピンパブとほぼ同じシステムでフィリピーナたちとイチャイチャ出来る**KTVと呼ばれるお店**が固まってあります。ピンパブ愛に燃える日本のオジさんたちは、若くてピチピチなフィリピーナたちを落とそうとKTVに通い詰めるのですが敵も猿もの引っ掻くモノ。**狙い通りに落とせず**肩を落とす方も少なくありません。で、そうしたオジさんたちが最後の砦として、**欲望と希望を胸に**このLAカフェを訪れるのです。このカフェに何かあるのか⁉ それは入ってみれば分かります。席に座ると注文を取りに来るウエイトレスよりも早く、女のコたちが席によって来てニコニコ。実は**援交娘たちが集まる**カフェ

だったのです。

ＫＴＶの女のコたちは落とすのに時間もお金も掛かりますが、ＬＡに来れば必ずお持ち帰り出来る女のコたちがワンサカ。口の悪いピンボケオジさんたちには滑り止めなんて言われてますが、結構可愛い女のコも多く、デート代を決める交渉にも力が入ります。相場はショート二千ペソ（約四千五百円)。交渉次第で**お泊まりデートも楽しめ**ます。女のコ選びのポイントは、毎日、出没するベテランを軽くあしらいながら店内を物色して慣れてない**ウブな女のコを狙う**事。この宝物探しがここのカフェを楽しむ醍醐味でもあるんですね。

ウブっ娘を見つけるコツは、女のコだけで座ってるグループを見つけ、男性客が入って来ても自分からアプローチしようとしてないかどうかチェック。この二つに当てはまるのは、大概、初心者です。こちらから出向いて話せば慣れてないかどうか分かりますよ。遊ぶ時の注意点は、彼女たちはフリーなので部屋に招き入れた時に**貴重品の管理をしっかり**する事です。

ビックリするような可愛い女のコが居たりします。
但しIDのない女のコとは遊ばないようにご注意を

風俗世界遺産—4

フィリピン・オロンガポ
スービック

旧米海軍基地があったスービックに今も残る鄙《ひな》びたゴーゴーバー街

アンヘレスから車で一時間ちょっとの場所にあるのがスービック。アンヘレスが空軍基地のお膝元なら**こちらは海軍基地のお膝元**。共にフィリピンに返還された後、ゴーゴーバー街が残ったエリアです。アンヘレスの方は今も百軒ほどのゴーゴーバーがある一大歓楽街ですが、こちらは基地のゲート前にあったバー街は返還と同時に殆どの店が廃業してしまった為、現在残っているのは基地跡から少し海岸線を走った

歓楽街としては地味な雰囲気ですが店内は充分盛り上がってます。お気に入りの店をみつけてのんびり楽しみましょう

所にある**バリオバレト地区約十数軒のバー**のみ。でもこの鄙びたスービックのゴーゴーバー街が面白いんですよね。

バーのあるバリオバレトへ行ってみると分かるんですが、ここが歓楽街なの!?　って思っちゃうほど静かな街なのです。こんな所でホントに遊べるの!?　と思ってしまいますが、店の中に入ると**女のコたちがワンサカ**いて盛り上がっているのです。このギャップがスービックの穴場感！　知ってる者だけが楽しめ

る街なのです。

宿泊先は、少し離れたビーチ沿いにリゾートホテルが集まってます。バーとの行き来はトライシクルと呼ばれるサイドカータクシーを利用。近いんですが一回乗ると二百ペソ掛かります。

スービック最大の魅力は、ゴーゴーバーに居る**女のコたちがスレてない**所です。アンヘレスよりも行くのに時間も掛かって不便な為、店も少ないしやって来るお客さんの数も圧倒的に少ない。だから女のコたちもノンビリしてるんですね。頑張って稼ぎたいと思うのであればアンヘレスやマニラに行った方が良いですからね。この**ユルっとした**ところが良いんですよね。

昼間は女のコとホテルのプールでのんびりするのも良いし、スービック基地の跡地にある水族館やカジノで遊ぶのもアリ。**時間をゼイタク**に使って気の合った女のコと過ごせるビーチリゾートがスービックなのです。

スービックのゴーゴーバーで働いている女のコたちはここが初めての風俗仕事と言う娘が多い。ウブな娘が多いのですよ

風俗世界遺産―5

シンガポール・ゲラン
番号置屋

経済都市シンガポール その下半身を支える エロタウンがゲランだ

インドシナ半島の突端に位置する東京二十三区ほどの面積の金融経済都市国家シンガポール。東南アジアにあるとは思えない先進的なビルが建ち並び、いち早く路上禁煙を実施するなどお固いイメージがある国ですが、ナントそのシンガポールには**国家認定で営業する置屋街がある**のをご存知でしょうか。それがゲランなのです。

チャンギ国際空港から伸びる地下鉄に乗って約三十分。アルジュニード駅から歩いて三分ほどのゲランロードにその街はあります。

この辺り一帯は中華系庶民が暮らすエリアで、ゲランロードには安くて美味い中華レストランの名店が軒を連ねクルマでやって来るシンガポールっ子たちで連日賑わっております。

その表通りから伸びる**ロロンと呼ばれる路地の偶数側**に政府公認の置屋が並んでいるのです。路地番号で言えばロロン20からロロン16にかけての一帯。**店先に番号**が書かれた置屋があります。この番号と言うのは政府から置屋を開く時に与えられた認可番号で、ここではソレを屋号代わりに使っているんですね。

店に入ると一階には受付カウンターと女のコたちが待機するガラス張りの顔見せルームがあり、客はそこで女のコを選び、受け付けで料金を支払って奥か階上にあるプレイルームへ。部屋の中にはベッドとシャワーがあり、雰囲気としては**日本の**

華僑の住む国にはこうした遊びやすく安全な置屋があります。屋号が番号っていうのはちょっと味気ないかもです

遊べる女のコはタイ女性がメイン。ASEAN 諸国内であればビザ無し滞在が三週間出来るので、その間、働くんですね

ヘルスの個室みたいな感じです。料金は一万円程度でお遊びの時間は四十分。いわゆるチョイの間遊びですが清潔感はありますので快適。

お相手の女のコたちは**タイからやって来た娘が主流**で、その他、中国本土から来た女のコばかりの店もあります。以前は路地内に立ちんぼ女性が多数おりましたが、ホテル不足でエリア内にあるラブホが一般観光客向けになって警察に来るなと言われ、姿を消してしまいました。遊びとしては安くて面白かっただけに残念な変化ですね。

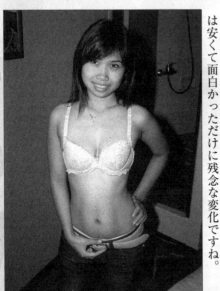

風俗世界遺産―6

インドネシア・バタム島
ナゴヤの連れ出し置屋

シンガポールのショートの値段でお泊まり出来るパラダイスのような島！

シンガポールから船で五十分ほどの所に浮かんでいる小島がインドネシア領のバタム島です。土地の狭いシンガポール人がゴルフなどを楽しめる島として開発が続いており、シンガポールからの船はバス並みの本数が出ています。

この島の繁華街があるのは**ナゴヤと言う街**。アレ⁉ って思った方が多いと思いますが、実はこのナゴヤ、日本由来の地名なんですね。名前がつけられたのは第二次世界大戦まで遡ります。イギリス軍を破ってシンガポールを統治していた日本軍は、この島へもやって来て駐留。基地を置いた場所がこの街で、**駐留していたのは名古屋連隊**の皆さんだったのです。そこでナゴヤと名が付いたって事です。なんか不思議な感じですね。

このナゴヤにはホテルも沢山あり、イスラム教徒でないシンガポールの人たちの為にお酒が飲め

バタム島の置屋にはかなりの数の女のコたちがいます。ミラー越しに選べるのでじっくりスタイルや顔立ちをチェックしましょう

る店も沢山あります。そして当然のように**女のコを連れ出せる風俗も盛ん**なのです。シンガポールのゲランで遊べばショートで一万円近く掛かりますが、このナゴヤに来れば同じ値段でお泊まり遊びが楽しめちゃう。ゴルフバッグを担いで来るのは嫁さんへの口実で、この島へ来て女遊びをする野郎どもが凄く多かったりするんですね（笑）。

モチロン、日本人だって遊べます。市内の中心にも置屋はありますが、タクシーの運ちゃんに頼んで近くの置屋を回って貰うのが良いでしょう。

女のコ選びの**勝負は昼間**。ライバルも同じように置屋を回っているので、早めに行ってツバをつけるのです。女のコがホテルへ来てくれるのは夕方以降なので、置屋で女のコを選んだらプレイ料金は先に支払います。ホントに来るのか不安になりますが店の名刺を貰っておけば安心です。約束の時間を三十分過ぎたら店に催促の電話を入れれば良いのです。ここの女のコたちは**泊まりの約束なら早上がりしません**のでご安心を。一緒に飯など喰って盛り上がりましょうね。

インドネシアの女のコたちはサービスも良く優しいので楽しいですよ。英語も出来ない娘も多いので指差し会話帳は必須です

風俗世界遺産―7

香港・旺角
本番ヘルス

紙に書いた手作り看板がチープさを醸し出す香港庶民憩いの置屋

漢字のみで書かれたメニュー表。言葉の意味を想像しながら見るのも楽しみだったりします。ちなみに「香港本地」は香港の女性って意味です

香港&マカオが中国に返還される時に約束された**一国二制度がなし崩し**になって来ています。民主的な制度を守りたい香港住民と中国の思うように統治したいという価値観がぶつかり合うんですね。まぁ、香港、マカオに住んでる皆さんはある程度は仕方ないなと思っていたと思いますが、2019年春に強行しようとした犯罪者引き渡し条例は、犯罪を疑われた容疑者が中国へ移送され裁かれる事が出来るようになるワケで、そんな条例許したら中国に都合の悪い香港住民はどんどん中国に引っ張られちゃう事になっちゃう。流石にこれはマズいとなって二百万規模のデモが起ったのは記憶に新しい騒動です。

　こうした中国のゴリ押しは、これまでも様々な事で起っているんですよね。エロ業界で言えば**香港の風俗浄化作戦**があります。隣りに風俗が容認されているマカオが控えているので、香港に

は目立った大きな風俗店は多くありませんでしたが、実は街のあちこちに小さな本番ヘルスがあったのですね。**時間があるときにちょっと立ち寄ってサクサクっと抜ける**。何とも便利な店なのです。

　モチロン香港では建前上、売春が禁止されていたので、派手に営業してると手入れが入ったりしていたのですが、そこは水心あれば魚心。阿吽の呼吸で**目立たぬように営業**してたんですね。店の外にある看板は小さく作りサービス内容は紙に書いて貼り出す。警察官に注意されれば剥がしてやり過ごし、また少し経ったら張り出すって感じです。エロファンには、このチープさがたまらない魅力だったのです。でもそんな庶民の些細な楽しみまで中国政府は奪っていきました。多くの本番ヘルスは廃業に追い込まれてしまったのです。

　今では旺角（モンコック）の裏通りに**数軒を残すのみ**となってしまいました。このまま中国の締め付けが続けばすべて無くなるのも時間の問題です。香港加油！　で守って欲しいですね。

こちらが本番ヘルスの入口。薄いピンクの看板と階段脇に貼られたメニュー表が目印となっています

風俗世界遺産

中国・珠海
蓮花路の援交スタンドカフェ

中国本土への入口にあった欲望剥き出しの都市・珠海 女のコたちの勧誘が強烈！

こちらが蓮花路に並ぶ援交スタンドカフェ。一軒一軒がコンパクトで、女のコが二〜三人づつおります。交渉次第で連れ出し可

広東省の海に面した場所にイギリスとポルトガルへ租借されていた香港とマカオがあります。この二つのエリアに隣接している深圳市と珠海市は**中国初の経済特区**に指定され、中国の玄関口として中国の経済開放政策を牽引してきました。

香港＆マカオも中国に返還され、経済特区としての役割は終えましたが、**北京、上海に次ぐ世界への窓**として多くの外国人観光客が訪れる中国本土の街として発展してきたのです。

そしてこの二つの街は**風俗産業にも寛容**な街でもありました。一般の方々はご存知ないと思いますが、風俗は男性客を吸引する大きな武器なんですよね。香港＆マカオにも風俗はありますが、先進国なのでお遊びの値段は高い。それがちょっと越境して深圳、**珠海に行くだけで半額以下で遊べてしまう**のですから、そりゃ行きますわ。

援交スタンドカフェの女のコたち。このレベルと遊べるなら口説きにも力が入ります

で、深圳と珠海を比較したら珠海の方が更に物価が安かったので夜遊びを楽しむ目的でやって来る男たちで大いに賑わっていたのです。

珠海での遊び場が集まっていたのは**蓮花路と呼ばれる一角**でした。エロマッサージに連れ出し出来る夜總会、立ちんぼなども居ります。そして目立っていたのが、タイのビアバーみたいな援交スタンドカフェでした。中国本土でこんな店やっても大丈夫なの⁉って感じですよね。何軒か並んでて小さなカウンターの中には**美形の中国女性たち**が居て、お酒のお相手をしてくれるのです。モチロン、意気投合すればホテルの部屋にもやって来てくれます。飲み代込みで五千円もしないんですから人気になりますよね。

そんな天国みたいな時代は長くは続きませんでした。東莞市の大規模手入れの煽りを受けて、珠海の風俗が一掃されてしまったのです。エロマッサージはすべて廃業、夜總会は連れ出し不可に。そして援交スタンドカフェは別の職種になってしまったのです。ホント残念至極ですね。

風俗世界遺産―9

キルギス・ビシュケク
エロサウナ

貸し切ったサウナに女のコたちが乗ったバンが巡回して来て顔見せです

ペレストロイカでソ連が解体。分離独立して出来た中央アジアの小国がキルギスです。**日本からの直行便は飛んでおらず**、アクセスするなら中国経由かモンゴル経由。かなり行きづらい国でもあります。そんなキルギスですが、親日なお国柄でもありシルクロードのロマンを求め日本人観光客も少しづつ増えてきているのです。ま、奥岳たちが**求めているのはエロスなロマン**ですけど(笑)。

キルギスに風俗なんてあるの⁉と思われるかもですが男のいる所風俗ありですからご安心を。

キルギスで遊べるのは、地元男性向けのローカル置屋とエロサウナです。長らくソ連だったので**ロシア風の遊び方が残っているん**ですね。

遊んで楽しいのはエロサウナです。店があるのは街外れでロシアと同じように個人(グループ)で借り切って遊びます。ひとっ風呂浴びてガウンに着替えて休息室でまったりしていると女のコたちが到着。女のコたちはバンに乗って市内を巡回しており、サウナから連絡が入ると近いクルマから駆け付けて来ると言う仕組み。三人ほどのクルマもいれば六人以上女のコを乗せたクルマもおります。で、到着したら顔見せしてくれるのです。

女のコのタイプは**ロシア系がメイン**で、純粋なキルギス女性もおります。顔立ちはエキゾチックでモンゴルと中東の血がミックスした感じ。ロシア系が多いのは、独立した今も住民の三割以上が

顔見せはこんな感じです。バラエティ満点な顔立ちで結構美人も多い。選ぶのに迷っちゃいます

ロシアかウクライナからの移民だからです。中央アジアで金髪ロシア娘と遊べるとは思ってもいませんでした。プレイ時間は**一時間で料金は五千円程度**。日本人には割安です。女のコもサウナへ入って出て来た所で個室へ。終って休息室へ戻って来ると、ガイドが「もういいですか？」と聞いて来たので頷くと、ナント、ガイドは女のコの手を取って個室へ。後で話を聞くと一時間の間に二回戦出来、しかも**相手が変わっても大丈夫**なのだとか。そんなの先に言えよ（怒）ですよね（爆笑）。

黒髪ですが顔立ちはロシア系。エッチの方もバッチグーでしたよ

風俗世界遺産―10

タイ・バンコク

三大ゴーゴーバー街

バンコクを代表する三大エロスポット！ 初訪問にはハズせません

アジアの風俗大国タイには様々なジャンルの風俗があります。中でも日本には存在しないゴーゴーバーは見た目も派手でタイへ行ったら**一度は遊んでみたいジャンル**ですよね。初めて入るのはちょっと勇気がいるかもですが、ボッタくられる心配はなくダンサーに奢りすぎなきゃ**それほど高くない**のでご安心を。

このゴーゴーバーで遊んでみたいのであれば、バンコクの三大ゴーゴーバー街は外せません。パッポン、ナナプラザ、そしてソイカウボーイ。いずれも一般旅行ガイドブックに掲載されているほど有名な場所です。

最も歴史が古いのはシーロム通りとスリウォン通りに挟まれた場所にあるパッポンです。パッポンソイ1とパッポンソイ2の二つの路地に跨がっています。通りの真ん中が屋台で埋め尽くされているパッポン1の方が派手ですが一般観光客も多いので**遊ぶならパッポン2**の方でしょう。

BTS（高架鉄道）ナナ駅近くにあるナナプラザはゴーゴーバーが集まる総合ビル。レインボーグループの店が人気です。また、こちらにはニューハーフ専門の店も多く**女性以上に女性らしい**性転換手術済みの美女も少なくありません。

ナナプラザと人気を二分するのがBTSアソーク駅近くにある**ソイカウボーイ**です。奥行きがそれほどない通りの両側にゴーゴーバーがひしめ

ゴーゴーバーの入口にはダンサーたちが出て来て道ゆくお客さんたちを熱烈歓迎しています。良い娘がいれば声を掛け一緒に店の中へ入りましょう

店頭にポールを作り、そこでダンスを披露している店も。ド派手過ぎて気おくれしてしまいますがこの雰囲気を楽しまなきゃソンです

き合いど派手なネオンに彩られた様子はインスタ映え間違いなし。この路地を歩けばタイのゴーゴーバー街に来たな、と実感出来るハズです。

ゴーゴーバーの遊び方は、店に入ってドリンクを注文。気に入ったダンサーがいれば呼んでドリンクを奢れば接客してくれます。ドリンクを飲んでる間が接客時間となるので**延長したい場合にはもう一杯奢り**ます。女のコと交渉すれば連れ出す事も出来ますので、積極的にアプローチしましょう。連れ出せばトータル2万円ほどです。

風俗世界遺産—11

タイ・バンコク
テーメーカフェ

援交娘が集うハッテン場店タイプはここを残すのみとなってしまった！

店に降りる階段にある店の看板。夜八時頃から十時までが勝負です。店に入らないで看板近くに立ってる女のコもいますよ

道端で女のコと交渉するのは恥ずかしいと言うのであれば**援交女性が集まる**援交カフェに行ってみましょう。バンコクで最も有名なのはスクンビット通りのソイ13とソイ15の間にある**ルアムチットプラザホテルの地下一階にあるテーメーカフェ**です。以前バンコクには数多くの援交カフェがありましたが、様々な理由で閉店を余儀なくされ、スクンビット通り周辺で残っているのはここととソイ7にあるビアガーデン（ジャーマンカフェとも言う）ぐらいになってしまいました。

遊び方は店に入り**ドリンクを注文**すると女のコの方からモーションを掛けて来るので良ければ話す、タイプで無ければ別のお誘いを待つ、といった感じです。モチロン、こちらから声を掛ける事も出来ますが、他のお客さんと話している娘には声を掛けないように。トラブルの原因となります。

ここにやって来る女のコたちは**三つに分類**されます。一つ目はここを根城にしてほぼ毎日居続けるタイプ。**フル出勤**ですね（笑）。二番目は他のゴーゴーや日本人クラブなどで働いていて**ヒマでお客さんも付かなかった**のでここで最後のチャンスに掛けるタイプ。彼女たちは店が終ってから来るので遅めの登場です。最後は**普段は普通の仕事**をしていて月末の家賃の支払いにお金が必要なので男を捕まえに来たタイプです。来るタイミングが限られていますが最も素人女性に近いので、ウブな女性と遊びたいと言う方はこちらを狙ってみては如何でしょうか。

この3つのタイプ以外にも**年増のやり手ババ**がおり、日本語が多少出来たりするので声を掛けてきて「タイプの女性を紹介するわよ」といってきます。選ぶのに困ったら利用するのも手ですね。

彼女たちは立ちンぼと同じフリーですので、部屋に連れ帰ってお金を盗まれたとしても文句を言える相手がおりません。**すべて自己責任となる**ので貴重品の管理はしっかり行なって下さい。

テーメーカフェの店内。白人客も居りますが主力となるのは日本人客。女のコを断ってばかりしてると女のコが寄って来なくなるのでご注意を。

風俗世界遺産—12

タイ・パタヤ ウォーキングストリート

今やバンコクの賑わいを凌ぐ勢い！パタヤのランドマークを歩こう

バンコクからクルマで二時間ほどの所にあるビーチリゾートがパタヤです。ベトナム戦争時代に兵たちを保養する為に開発が進んだ街なので、**昔から風俗が多い**リゾートとして人気を博して来ました。近年には欧州のアダルトサイトで四年連続で**「世界一下劣な街」**に輝いたほどです（笑）。

ここがそんな下劣な街だと知らない日本人観光客はバンコクから日帰りツアーとかで来ますが、ここは泊まって女のコと**遊んでナンボのエロリゾート**ですので夜遊びメインのタイ旅行でしたらここに数泊するプランをオススメします。

ゴーゴーバーの入口で笑顔を振り撒く女のコたち。声を掛けOKして貰えばご覧のように笑顔で撮影に応じてくれます

街全体に**千軒を越える**風俗店があると言われるパタヤのランドマーク的存在が、ビーチロードの突き当たりにあるウォーキングストリートです。通りにはディスコ、ナイトクラブ、海鮮料理店などがひしめきますが、**最も存在感を**

放っているのはゴーゴーバーでしょう。この通りだけで三十軒を越すゴーゴーバーがあるのですからテンション上がりますよね。最近では中国人観光客が急増しており、彼らは女子供を連れてこの通りを練り歩きますので、早い時間帯はバーの女のコたちも集まって来ません。早くて夜八時、本格的に盛り上がって来るのは一般ツアーの連中が姿を消す**夜十時以降**となります。

通り自体の奥行きは一キロ以上ありますが、賑わっているのは五百メートルほどとなります。ゴーゴーバーの入口には女のコたちが出て来てアピール合戦を繰り広げています。中国人観光客は近づいて平気で写真を撮りますので、**早い時間帯はカメラを向けない方が良い**かも。雰囲気を写真に残したいのであれば「写真撮っても良い？」と断ってＯＫして貰ってからにしましょう。ロシア女性がいる店もありますが、カメラを向けると厳ついボディガードに怒られるのでご注意を。表通りだけでなく脇道にも面白い店が沢山あるので探索してみると良いでしょう。

夜遅くまで観光客で賑わうウォーキングストリート。ぼーっと歩いて人にぶつからないよう注意しましょう

風俗世界遺産─13

タイ・パタヤ ソイ6の置屋バー

一見、普通のバーに見えるがこれはすべて置屋 二階の部屋で抜けるよ

パタヤにはどのソイ（路地）にもバーが並んでいます。そんな中でマニアに人気なのがビーチロード・ソイ6です。通りには**昼間っから女のコたちが**店頭に座り「遊んでって」と声を掛けて来ます。どうしてここの通りだけ昼間っから盛り上がってるんだろ？　と思われるでしょうが、実は**この通りにあるバー、すべて置屋**なんですね。

置屋って聞くと町外れの普通の民家と区別がつかないようなローカル向けってイメージですが、パタヤの置屋はこのように堂々と営業しているのです。リゾートらしく開放的ですね（笑）。

遊び方は店頭にいる女のコを品定めして、良い娘がいたら声を掛けて一緒に店に入ります。店の外や中に飲めるスペースもあるので女のコは「ここで飲む？」みたいに聞いて来ますので、**指で上をさせば**「即エッチするのね」と納得してプレイルームへ案内してくれます。中はベッドと簡易シャワーがあるだけのシンプルな作りとなっているので頑張りましょう。料金は部屋代とエッチ代込みで千三百バーツ（約四千五百円）です。

数年前までここで遊ぶのは白人客ばかりでしたので店にいる女のコたちもアジアちっくな顔立ちでふくよかなタイプが多かったのですが、最近は日本人客も増えて来たので**細身の可愛い女のコがグーンと多くなって**来ました。

この値段で最後まで出来るのは、ここととセカン

昼間っから女のコが揃っているのがソイ６の魅力。サクサクっと抜いて夜はじっくり構えるっていうのもアリですね

ドロードからソイブッカオに抜けるソイハニーにある本番マッサージの店ぐらいですので、**お金を節約したい時**には助かる遊び場なんですよね（更に上級者になればサードロードを越えた所にあるフェラチオバーもありますよ）。

　お手軽にエッチ出来るソイ６の置屋バーですが女のコをからかいながら店で飲むって言う選択肢もあります。お金は余分に掛かりますが、仲良くなってからのエッチの方が盛り上がるのは間違いありませんからね。良い娘がいればお試しを。

置屋だからと言って女のコのレベルが悪いワケではありません。探せば写真のような可愛い娘もいるんですよ

風俗世界遺産—14

タイ・ダノークチャンクルーン 置屋が集まる国境

タイ〜マレーシアの国境沿いには妖しい置屋がメチャクチャあった！

働いてる女のコたちはタイの東北地方イサーン出身者が多い。なので南部料理に混じってイサーン料理の店も多い

カンボジア、ラオス、ミャンマー、そしてマレーシア。タイは全部で四カ国と陸路で国境を接しています。島国で陸路、別の国に行けない日本人から見ると羨ましいかもです。ミャンマー、マレーシアとは時差もありますので、国境跨いだ瞬間に時間が変わるという体験も味わえます。

これだけでもワクワク出来る国境越えですが、実は**国境地帯は風俗の集まるポイント**でもあるのです。カンボジアとの国境があるアランヤプラテート〜ポイペットでは、カンボジア側のポイペットに激安置屋街が並びますし、ミャンマーとの国境であるメーサイ〜タチレクでもミャンマー側に行けば**格安置屋が点在**しています。国境では物価の安い国側に遊び場所があるんですね。

では国力が拮抗するマレーシアとの国境はどうなっているんでしょうか。両方にあるのか、どちらか片方なのか気になりますよね。で、その答えはと言うとマレーシアとの国境地帯では**タイ側に置屋街**があるのです。

その理由は宗教の違いです。マレーシアは敬虔なイスラム教徒の国なので、酒も飲めなきゃ風俗も御法度。そこでタイ側に風俗エリアを設けて、マレーシアの男性方にタイへ来てこっそり息抜きをしてもらおうという発想です。またマレーシアには華僑の人々もイッパイ住んでおり、**マレーシアでは禁欲生活**を強いられています。風俗を作ればそんな華僑も押し寄せて来る。そこでタイ側に地方とは思えぬ風俗街が誕生したのだそうです。

西からパタンブサール、ダノークチャンクルーン、サダオ、スンガイコロク。この四カ所の国境には様々な風俗が用意されています。格安のローカル置屋にエロ按摩、そして連れ出し出来るカラオケタイプの置屋まで。予算に合わせて遊べるようになってます。**一番人気なのは連れ出し系。**連れ出した時刻に関係なく、連れ出してから24時間キープ出来るシステムは国境ならではですね。

こちらは最も東にあるスンガイコロクの連れ出し置屋。昼ぐらいから置屋へ行ってキープしないと女のコがいなくなる可能性も

風俗世界遺産—15

インドネシア・ジャカルタ ブロックMの日本人クラブ

全日本のユニフォーム姿でまさかの買春！一躍有名になったエロ街

それまで日本人にはまったく知られていなかったインドネシア・ジャカルタにある街が**一躍、知れ渡る事**になったのは、2018年夏の事。スポーツの祭典アジア大会期間中に日本選手四人が全日本のジャケットを着たまま買春を行い、それがバレて大問題となったことです。舞台となったのはブロックMと言う街。ここには日本食レストランなどが集まる日本人街があり、その中の女のコが連れ出せる日本人クラブで女のコをキープして遊んだと言うのです。**制服着て遊んじゃダメ**でしょうって話なんですが、ジャカルタ風俗に詳しい人間からみると**ちょっと報道内容がヘン**。新聞などにはブロックM全体がタイ・バンコクにある一大歓楽街のように書かれていたからです。

確かにブロックMには女のコが連れ出せる日本人クラブがあるのは事実ですが、このエリアには巨大なショッピングモールやバス

日本人好みの女のコも多くノリも最高。日本語堪能な女のコも居るのも嬉しいポイントですね

ブロックM日本人街のメインストリート。女のコと飲める日本人クラブが並んでいます。こじんまりしてますが日本人には有り難い街ですね

ターミナルなどがある大きな町で、日本人クラブがあるエリアはそのごく一部に過ぎないのです。日本に当てはめて言えば**新宿全体の事を歌舞伎町のように**って言ってるようなモノって言えば分かりやすいかも。正確に言うと百メートルほどの通りが二本あって、そこがブロックM内の日本人街。日本人クラブは居酒屋や日本食レストランが並ぶ中に**二十軒ほどが点在**するに過ぎません。その規模はバンコクのタニヤの足元にも及ばす、日本で言えば高円寺のピンサロ街程度のもの。それをさもブロックM全体がエロタウンだ、みたいに書くのはおかしいですよね。

日本で大報道された事でジャカルタ在住の日本人駐在員に「ブロックMに近づくな」との指令が出たらしく**日本人街は閑古鳥**。これが原因で潰れた日本食レストランまでありました。ホント**風評被害って怖い**ですね。時が過ぎて少しお客さんは戻って来たようですが、それでも日本人クラブは苦戦しています。ジャカルタへお越しの際には**遊びに行って励ましてあげましょうね**。

風俗世界遺産—16

ドイツ・フランクフルト エロスセンター

女のコたちが部屋毎に待機 知られざる巨大飾り窓 ドイツのエロスセンター

ドイツが統一するまでは西ドイツの中核首都として繁栄を極めたフランクフルト。規模はベルリンに譲りましたが**ドイツ経済の中心地**である事に変わりはありません。

そんな中核都市のど真ん中に**淫靡な匂い**をぷんぷんさせる風俗街があるのをご存知でしょうか。その名もエロスセンター。**建物丸ごと風俗店**のビルが建ち並ぶ摩訶不思議な風景がEUのリーダー国ドイツにあるとは意外ですよね。

他のページでも書きましたがヨーロッパの国々は女のコたちの職業選択の自由と安全に仕事をして貰えるよう**風俗を合法にしている**国が多いんですね。ドイツもそうした風俗合法国なので、このエロスセンターのような風俗街があるのです。

エロスセンターが入居するビルはマンションとなっており、部屋を女のコが借りて**個人営業で売春を行なう**システムとなっています。ガラス窓から部屋の女性がセクシーポーズで勧誘する**オランダの飾り窓がマンション形式**になっている、と思って頂けば分かりやすいでしょう。

建物内に入るとドアに女のコの写真やメッセージが張り出されており「OPEN」または「WELCOME」と書かれた看板を上げた部屋と「WAIT」と書かれた看板を出す部屋があります。オープン、ウエルカムの方は入って下さい、ウェイトは待ってて（プレイ中）と言う意味になっている

これが夜のエロスセンター街。中世時代の重厚な建物にピンクの明かりが灯り、まるでどっかのテーマパークみたいです

んですね。入っていい方の部屋のチャイムを鳴らすと下着姿の女のコが出て来て部屋に招き入れてくれ、プレイ内容の説明をしてくれます。
基本はセックスのみで六十ユーロから八十ユーロ（六千円から一万円）。キス、フェラ、アナル舐め、クンニなどは別料金となってるので、**したいプレイを言って料金を確定**します。女のコたちの国籍も多彩でドイツ、東欧、スペイン。更にアフリカ系黒人にトルコ、インド、東南アジア、韓国まで。選ぶだけで陽が暮れちゃうかもですね。

こちらの女性はハンガリーからの出稼ぎ組。美人探しは階段を上がったり下がったりで体力使います

海外夜遊びの王様ランキング！

2019年8月5日　初版発行
著　者：ブルーレット奥岳
発行人：吉崎 克也
編集人：ブルーレット奥岳
マンガ：尾上龍太郎、成田コージ
デザイン：西村專治
協　力：奥岳と愉快な仲間たち
発行所：株式会社ジーオーティー
〒106-0032
東京都港区六本木3-16-13-409
TEL.03-5843-0034
印刷・製本：大日本印刷株式会社

ISBN978-4-8148-0197-8

※本書にある風俗店や風俗エリアの表記や値段、情報等は取材当時のものです。
事情により閉鎖される事もありますし、料金も変わっている可能性がある事をご了承下さい。